Viviendo bajo la voluntad de Dios

Gisselle Guzman de Jesus

Published by Gisselle Guzman de Jesus, 2024.

While every precaution has been taken in the preparation of this book, the publisher assumes no responsibility for errors or omissions, or for damages resulting from the use of the information contained herein.

VIVIENDO BAJO LA VOLUNTAD DE DIOS

First edition. April 5, 2024.

Copyright © 2024 Gisselle Guzman de Jesus.

ISBN: 979-8224645091

Written by Gisselle Guzman de Jesus.

Tabla de Contenido

Agradecimientos:

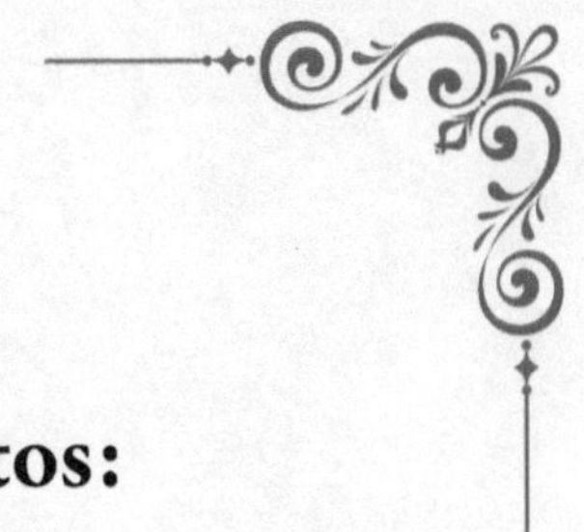

Mi primero y más grande agradecimiento es para mi Dios y Padre celestial. A Él sea toda la gloria, honra y alabanza por los siglos de los siglos. Sin su amor, perdón, paciencia, y guía, no hubiera sido posible escribir este libro. Sus palabras de enseñanza y aliento son las que me mantienen de pie y me forman; su sabiduría me da seguridad para saber por qué hago lo que hago. Quiero agradecer también a mi esposo amado, quien me cuida, protege y siempre me anima con fe para lograr todos los proyectos que Dios ha puesto en mi corazón. Gracias por tu apoyo. Te amo. Agradezco a mis hijos también, Yeshua y Dara, a quienes Dios ha usado para moldearme y poder entender ese amor de mi Dios Padre. Escribí este libro también sabiendo que algún día yo no estaría aquí, y que ellos podrían querer una palabra de sabiduría de mi parte. Este libro podría ser una fuente de respuesta a las dudas que tal vez en algún momento de su vida tendrán. Los amo. Gracias a mi madre Carmen y a mi padre Miguel por siempre estar ahí para apoyarme y motivarme a creer en mis sueños, por enseñarme a ser responsable y constante. Los amo. Doy gracias a todos aquellos que de alguna u otra forma, con una palabra de agradecimiento, me hacían entender que lo que Dios me hacía hablarles les edificaba, y por lo mismo nació en mí el deseo de compartirlo con otros por medio de este libro. Gracias a todos aquellos que decidieron leer este libro, y gracias de ante mano a quienes comenten a otros sobre como este libro fue de bendición para sus vidas.

Gisselle Guzmán De Jesús

Primera parte
Entendiendo la voluntad de Dios

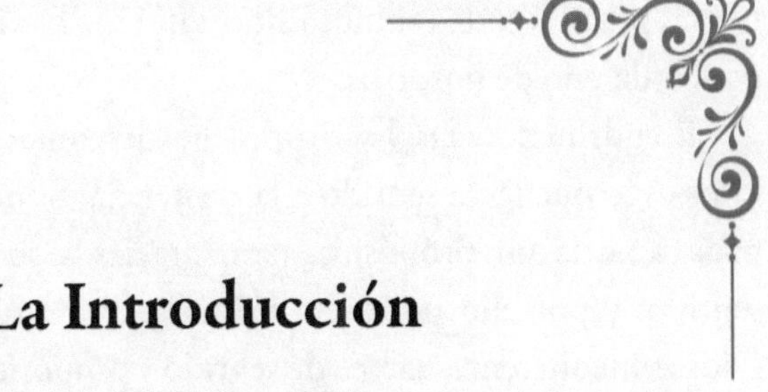

La Introducción

Porque yo sé los pensamientos que tengo acerca de vosotros, dice Jehová, pensamientos de paz, y no de mal, para daros el fin que esperáis. Jeremías 29:11.

Cuando leemos la Biblia, podemos encontrar innumerables historias de personas que vivieron bajo la voluntad de Dios, muchas sin saberlo y otras conscientes de ello. Entre todas las historias, podemos recalcar el hecho de que todas son únicas y especiales. Dios tenía un propósito distinto para cada uno; algunos obedecieron a su llamado y otros no. No obstante, Dios proveyó a cada uno de un tiempo favorable, consejos, advertencias, desafíos, lecciones y promesas de remuneración personalizadas para aquellos que permanecieran hasta alcanzar la victoria.

Hoy en día, más que nunca, Dios sigue tratando con el ser humano personalmente. Tristemente, no todos saben esto, y por lo mismo, el mundo se encuentra en la condición en la que está. Inmediatamente cuando alguien viene a los pies de Dios, lo más importante que le debe ser revelado es cual es el propósito de Dios para sí, ya que una vida cristiana no se trata de religión, sino de relación. Y de la misma manera en la que Dios tenía un propósito específico para cada uno de aquellos personajes bíblicos, así mismo los tiene para cada uno de nosotros también. Dios no tiene favoritos, y tampoco tiene una lista negra; para Él, todos somos importantes, y ha trazado un plan especial para cada uno de nosotros.

Escudriñando las Escrituras, he descubierto que la voluntad de Dios es lo que le da sentido a la existencia. Si no existiera su voluntad, nada tendría un propósito, pero gracias a su voluntad, todo cobra sentido, y por ello podemos existir. La vida fuera de la voluntad de Dios es incoherente, carece de sentido y propósito, por lo mismo, es tan importante empeñarnos constantemente en ajustarnos a su voluntad.

Descubrir la voluntad de Dios específica es tan complejo, así como hay variedad de individuos en la tierra. Es muy complicado, ya que no hay una fórmula especial para descubrir la voluntad de Dios. Sin embargo, lo que sí tenemos seguros son los parámetros, lineamientos y márgenes bíblicos los cuales son evidentes en la Biblia, el manual de la vida, y si los conocemos y aplicamos diariamente se convertirán en un radar, el cual nos ayudará a encontrar la señal favorable en pos de encaminarnos a cumplir su voluntad para nosotros.

El Salmo 100:3 dice de la siguiente manera: "Reconoced que Jehová es Dios; Él nos hizo, y no nosotros a nosotros mismos; Pueblo suyo somos, y ovejas de su prado." Para poder querer hacer la voluntad de Dios es imprescindible reconocerlo primero, y saber profundamente quién es Él. Si Dios no se nos es revelado, nunca podremos querer vivir bajo sus designios.

Primero es crucial que sepamos quién es, para entonces poder conocer por qué nos hizo, y luego descubrir qué es lo que quiere con nosotros. Por eso, Dios insiste en relacionarse con el ser humano. Él siempre busca la manera de revelarse a cada uno y luego de ello, pide que le busquemos. Ya que nunca podremos conocerle si no es algo que deseemos, debido a que Dios nunca nos obligará. Sin embargo, Él siempre aprovechará cualquier circunstancia para sembrar el interés. Lo que nos queda es decidir acercarnos más a Él, o alejarnos e ignorar este llamado.

Por lo tanto, entendiendo todo esto, llegamos a la conclusión de que lo primero que debemos hacer es reconocer que Él es Dios. En este versículo Salmo 100:3, la palabra "reconoced", si la traducimos e interpretamos desde el idioma original que es el hebreo, lo que realmente quiere decir es "saber", no solo reconoced, y sabed implica no solo admitir que Él es Dios, sino hacer nuestro el conocimiento de Él. Es darnos a la tarea de adueñarnos del conocimiento de su persona, esforzarnos por acercarnos a Él como el ser que es, y descubrir por nosotros mismos quién es Dios. Luego de acercarnos con esa sinceridad, entonces saturarnos de ese conocimiento a tal nivel que sea Él en nosotros y su conocimiento nos inunde por completo.

Cuando su conocimiento nos inunda entonces nace en nosotros el deseo ferviente de agradarle y vivir por y para su voluntad, ya que al conocer quién es, comprendemos que sin Él no somos nada, y que nuestra existencia es con base en su voluntad, por lo tanto la coherencia de nuestra vida es vivir para su voluntad. Al entender todo esto entonces cobra sentido el querer descubrir y empoderarse del conocimiento de los parámetros y márgenes que encuadran su propósito, y de esta forma trazar la línea que nos llevará a cumplir su voluntad.

Este libro se trata de esos parámetros y márgenes, iré exponiendo paso a paso lo que he escudriñado e investigado sobre todo lo relacionado con su voluntad, y como todo esto traza un muro divisor entre lo que es su voluntad y lo que no es, sin embargo nos dedicaremos más a entender lo que Él quiere que hagamos, y no insistiremos en indagar lo que Él no quiere, ya que lo que en verdad necesitamos es aprender qué es lo que Dios sí quiere; Esto es lo que nos dará el discernimiento sobre lo que está fuera de su voluntad y lo que está dentro de su voluntad, como resultado esto añadirá sabiduría para evitar lo incorrecto.

Este libro está hecho con el propósito de acomodar nuestra mente y corazón, para que entendamos y demos entrada a lo que Él está revelando a nuestras vidas y tal vez no nos estamos dando cuenta, o deliberadamente sabemos, pero estamos rechazando realizar. Por lo mismo me es imprescindible pedirte hacer una oración de compromiso de corazón, de en primer lugar leer este libro completo antes de dar una opinión, o quedarte con una conclusión limitada, ya que si no lo lees entero es muy probable que te quedes con una idea errónea de lo que es la voluntad de Dios; Debido a que la voluntad de Dios es un conjunto complejo y amplio de verdades, y no tan solo una idea cerrada, precisa y limitada. Segundo, es necesario que, a medida que vayas leyendo y entendiendo estos parámetros de la voluntad de Dios, comentes con otros lo que estás leyendo y entendiendo, y de esta manera ir poniendo a prueba cómo vas comprendiendo su voluntad para tu vida.

Para mí es muy importante que todo cristiano sepa lo que es la voluntad de Dios, que aprenda a vivirla, porque el vivir para la voluntad de Dios es lo que le dio dirección a mi vida; En República Dominicana, mi país natal, yo vivía como cualquier persona normal, para mis sueños y anhelos, pero no tenía paz completa, me sentía sin un rumbo estable, luego que me casé con David, mi esposo, él y yo recibimos el llamado de Dios a servirle. Dios nos indicaba por diferentes siervos de Dios, sueños y palabras proféticas su deseo de enviarnos a México a trabajar en su obra. Nosotros veíamos esto muy lejos, ya que no conocíamos a nadie de ahí. En ese tiempo había que solicitar una visa para poder entrar al país, y a muy pocas personas se les aprobaba.

Sin embargo, sin buscarlo, Dios abrió las puertas para obedecer su llamado de una forma muy singular. Llegamos por medio del ministerio Los Poderosos de JAH, en ese entonces: Los Poderosos de Jehová, y por muchos años trabajamos alcanzando almas y tocando corazones por medio de la música cristiana, hasta que años después Dios nos hizo un nuevo llamado, a pastorear su grey, un paso difícil de tomar debido a la responsabilidad espiritual y administrativa que conlleva, pero decidimos obedecer y vivir para agradarle.

Hacer su voluntad siempre le ha dado color a mi vida, aunque a veces se tornaba de colores oscuros. Hoy en día he comprendido que Dios lo permitió con un propósito de edificación, crecimiento espiritual y transformación, y aún lo sigue haciendo, ya que los retos, pruebas y luchas siempre han estado ahí, pero Él también ha estado a mi lado, como Dios fiel que es.

Comprendí entonces que conocer y ajustarnos a su voluntad es indispensable para cada uno de nosotros, porque mientras más huimos de su voluntad, más pierde sentido nuestra vida. Hoy en día sigo entusiasmada y expectante de lo siguiente que Él desea continuar haciendo conmigo para bendecir a más personas.

Y por último, me es imprescindible recomendarte estar en retiro especial de mayor comunión con Dios durante el tiempo que estés leyendo este libro. Si te es posible estar en ayuno sería mucho mejor. El libro está escrito para ser leído en 21 días, si comienzas el día de mañana a ayunar podrías acompañar este tiempo de lectura junto con el llamado "Ayuno de Daniel", el cual consta de 21 días de ayuno. De esta manera, terminarás el ayuno el día que termines de leer el libro.

El ayuno de Daniel es un ayuno parcial (Más información en Daniel 10:2-3). Te recomiendo que ayunes debido a que nuestro enemigo, el diablo, odia profundamente que las personas aprendan a vivir para la voluntad de Dios, debido a que alguien así es un problema para sus planes. Por lo mismo, tratará de innumerables y variadas formas de alejarte de descubrir cómo vivir bajo la voluntad de Dios. Y para poder defenderte de estos ataques, es importante entonces que te mantengas espiritualmente velando, para que el enemigo no logre evitar que puedas descubrir la voluntad de Dios para tu vida.

¡Ánimo! Lo vas a lograr, ¡Te deseo éxito para que por medio de este libro puedas aprender a descubrir su voluntad para ti!.

Oración de compromiso.

Padre celestial, te adoro y exalto tu grandeza, por medio de esta oración me acerco a ti para hacer un compromiso contigo de indagar en el conocimiento de tu voluntad, para descubrirla, entenderla y aplicarla, deseo vivir para ti y agradarte, porque reconozco que eres Dios, tú me has creado, y nadie más que tú sabe cuál es mi propósito.

Aleja de mí todo estorbo que me impida buscarte.

Te lo pido y agradezco en el nombre de Jesús, ¡Amén!

DÍA 1
¿Dios tiene un plan para mí?

Por lo cual también nosotros, desde el día que lo oímos, no cesamos de orar por vosotros, y de pedir que seáis llenos del conocimiento de su voluntad en toda sabiduría e inteligencia espiritual. Colosenses 1:9

Este versículo nos hace saber que Pablo, como todo buen tutor espiritual, estaba interesado en que los colosenses fuesen llenos del conocimiento de lo que Dios quería para ellos. Por lo mismo, enfatiza su deseo en que conocieran la voluntad de Dios. Etimológicamente (traduciendo el versículo desde el idioma original) podemos leerlo de la siguiente manera: "Por eso nosotros, desde el día que lo oímos, no dejamos de cesar de orar y solicitar a Dios por ustedes, para que sean llenos a plenitud del conocimiento preciso de lo que Dios desea, en toda sabiduría y entendimiento espiritual".

Esto nos hace entender que debemos aprender a vivir activamente cada día para el Señor, y no conformarnos. Hemos sido creados por Él, con una personalidad especial y única, habilidades únicas y necesarias para la obra de Dios; por lo tanto, el Padre celestial tiene un plan específico para cada uno de nosotros, dependiendo de lo que Él mismo ya depositó. Pero es nuestra responsabilidad ser llenos de sabiduría y entendimiento espiritual para poder descubrir cuál es la voluntad precisa de nuestro Padre Celestial para nosotros.

La voluntad de Dios es aquello que Él aprueba y determina llevar a cabo. Nos ayuda a entender lo que debemos y lo que no debemos hacer para vivir conforme a sus planes.

Como ministra de la obra de Dios, a través de estos años, me he dado cuenta de que esta es una de las interrogantes más comunes de todo cristiano sincero: ¿Dios tiene un plan para mí? Muchos corren a preguntar a sus pastores y líderes, esperando que ellos les digan lo que Dios quiere. Esperan por años que alguien venga y ore poniendo las manos sobre ellos, y les revele paso por paso cuál es la voluntad de Dios.

Y sí, de hecho, estas son maneras que Dios generalmente usa para confirmar lo que te ha dicho en privado, pero no podemos depender solo de esto. En muchos casos, la falta de búsqueda en su presencia es la causa de no encontrar la respuesta a la interrogante: ¿Cuál es su voluntad para mí? Ya que esta revelación solo vendrá como fruto de la intimidad que tengamos con Dios.

Por ejemplo, en mi caso, en medio de mi intimidad con Dios nació el deseo de escribir este libro. Era algo que yo sé que Dios mismo puso en mi corazón, pero no tomé el paso de hacerlo hasta que por varias personas Dios me confirmó que debía hacerlo; con sueños y palabras proféticas, y por eso yo obedecí, y aquí está el resultado de esa obediencia. Ahora apenas estoy hablando de tan solo un libro. Claro que no es tan sencillo recibir la guianza de Dios para desarrollar toda nuestra vida, así de simple como que alguien venga y te dé una palabra profética, sin haber en ti un interés sincero por descubrir por ti mismo lo que está en el corazón de Dios.

Esto sería tomar la dirección de las riendas de nuestra vida a la ligera, sin esperar una respuesta contundente de parte de Dios, ya que podríamos terminar tomando decisiones por emoción, por las circunstancias, por conveniencia, por la opinión de otros, etcétera, y no por la revelación de Dios.

VIVIENDO BAJO LA VOLUNTAD DE DIOS

Algunas personas tienen muchos años de ser cristianos y ni sabían que tienen la responsabilidad de encontrar en la presencia de Dios el plan divino. Otros sí saben, pero no les interesa, ya que la ignorancia espiritual o la falta de conocimiento los enceguece. O peor aún, están viviendo fuera de la voluntad de Dios, tal vez por rebeldía, porque saben lo que tienen que hacer, pero no quieren someter su voluntad, o tal vez apenas están empezando en el camino del Señor, y todo esto es nuevo para ti. En cualquiera que sea tu caso, este libro te ayudará a entender, reparar o alinearte al propósito divino.

Dice la palabra de Dios: "No os conforméis a este siglo, sino transformaos por medio de la renovación de vuestro entendimiento, para que comprobéis cuál sea la buena voluntad de Dios, agradable y perfecta" (Romanos 12:2). La voluntad de Dios es agradable y perfecta. Nadie sabe más que tu Creador para qué fuiste creado, entonces ya no improvisemos más, ni perdamos tiempo en querer hacer lo que pensamos que es correcto, y ajustémonos a lo que Él planificó para nosotros.

Para poder comenzar a encontrar la perfecta voluntad de Dios para nuestras vidas, debemos primero conocer y entender los tres aspectos de la voluntad de Dios: la voluntad predestinada, la voluntad moral y la voluntad deseada. Ya que solo de esta manera seremos capaces de identificar qué estamos haciendo bien y qué debemos corregir.

La voluntad predestinada de Dios

Es esa voluntad soberana con la que Dios obra en el mundo y en nuestra vida. Estos acontecimientos son irresistibles e incondicionales porque han sido ordenados por Dios todopoderoso. El mejor ejemplo es la muerte de Jesucristo en la cruz. Este suceso fue predestinado mucho antes de la creación del mundo. Como dice en Gálatas 1:4: El cual se dio a sí mismo por nuestros pecados para librarnos del presente siglo malo, conforme a la voluntad de nuestro Dios y Padre; Aquí podemos apreciarlo claramente.

La voluntad moral

Son las normas morales de Dios bajo las cuales debemos vivir. Se ejemplifican en los Diez Mandamientos (Éxodo 20.1-17) y se describen en diversos pasajes del Nuevo Testamento, como el que encontramos en 1 Tesalonicenses 4.1-5, el cual nos habla de la santificación del cristiano. Debemos aprender a someter nuestra vida a su voluntad moral. Ya que es imposible agradar a Dios sin santidad, y la santidad es apartarse del mundo y vivir conforme a la voluntad moral de Dios, la cual es enseñada en su palabra, de la cual debemos aprender cada día, siendo enseñados, y escudriñando las Escrituras para poder entender y aplicar.

La voluntad de Dios personalizada y/o deseada:

al arrepentirnos de nuestros pecados y reconocer a Jesús como el Cristo, que Dios lo resucitó de entre los muertos, y cuando decidimos que Él es nuestro único y suficiente salvador, desde ese momento es cuando consciente o inconscientemente hemos cedido a someter nuestras vidas ante la voluntad predestinada de Dios. De aquí en adelante debemos comenzar a dirigir el desarrollo de nuestras vidas conforme a su voluntad, y paso a paso ir descubriendo cuál es su voluntad deseada para nosotros; Sin embargo, este aspecto de la voluntad de Dios es el más difícil de identificar, ya que es personalizado.

La voluntad deseada de Dios abarca el deseo que Dios tiene para sus hijos individualmente, es decir, lo que Dios desea para ti en específico, esto incluye aspectos de nuestra vida salvada: el servicio, la oración, las decisiones sabias, etcétera; Los cuales son generales para todos los cristianos, es decir, Dios quiere que todos sirvamos en su obra, que tengamos un matrimonio de éxito, que seamos prósperos, que tengamos una familia pacífica, amorosa y unida, que emprendamos proyectos y que los mismos sean exitosos, y muchas cosas más. Para poder comenzar a vivir bajo la voluntad personalizada de Dios habrá que aprender a superar dos tipos de obstáculos primero, estos son dos clases de ralentizadores del cumplimiento de la voluntad deseada de Dios para nuestras vidas, es necesario que los conozcamos para poder luchar contra ellos efectivamente, y son los siguientes:

VIVIENDO BAJO LA VOLUNTAD DE DIOS

1- La inseguridad:

Esta se presenta más comúnmente en personas que aún no han emprendido ningún proyecto grande en sus vidas; A veces nuestros peores enemigos somos nosotros mismos, yo siempre digo que la peor desgracia es nunca lograr nada por miedo a fracasar. Es imposible que puedas lograr algo significativo en la vida sin arriesgarte, o sin que de vez en cuando puedas fallar. Obviamente, por nuestra naturaleza imperfecta, nunca seremos perfectos en todo, pero no quiere decir que no podamos lograr cosas buenas en la vida, y que de vez en cuando podamos tener éxitos, el problema es que muchos nunca lograrán nada porque el miedo, que es el maestro de la inactividad, los tenga paralizados, vacíos y sin propósito. No podemos tener miedo a fracasar, porque entonces nunca haremos nada, además no se trata de que todo nos salga bien, sino que cumplamos el propósito de Dios, y eso va más allá del pensamiento y la capacidad humana.

Cuando somos inseguros es cuando pensamos que lo que vamos a hacer depende totalmente de nosotros y pensamos que no tenemos la capacidad para lograrlo, o que depende de alguien en quien no confiamos, pero adquirimos la seguridad que necesitamos depositando todo en las manos de Dios, el cual nunca falla, y cuando a esto le sumamos el dejarnos guiar paso a paso por Él durante todo el proceso, y de esta forma cumplir su sueño en nosotros, por medio de dejar la inseguridad atrás, y tomar las decisiones correctas gracias al consejo del Espíritu Santo. Es muy importante saber que nunca debemos subestimar lo que Dios puede y quiere hacer con nosotros, incluso cuando pensemos que tenemos poco que ofrecer, ya que en numerosas ocasiones, este tipo de casos es en los que Dios se manifiesta aún más poderosamente, y así muestra su gloria a través de nosotros, haciendo lo imposible posible.

2- Miedo a intentarlo de nuevo.

Hay que saber que también algunos de nosotros tuvimos mucha fe de que algo en algún momento de nuestras vidas iba a salir muy bien, teníamos esa ilusión viva, pero se vio frustrada porque las cosas no pasaron como esperábamos y al final fracasamos, por supuesto, esto deja un sabor muy amargo, y acompañado también de recuerdos y sentimientos dolorosos, los cuales debemos permitir que Dios sane, ahí está el porqué buscar la guianza de Dios antes de emprender cualquier proyecto; Y de esta manera ser primero sanados, y que de nuestros fracasos podamos aprender, para mejorar, y entonces ya habiendo superado todo eso, poder corregir el camino que llevamos y así cumplir la voluntad personal de Dios para nuestras vidas.

Superar la inseguridad y el fracaso

Lo haremos teniendo la seguridad de que Dios tiene algo muy especial para ti, solo falta descubrir cuál es el pensamiento de Dios. Si estás leyendo este libro es porque de alguna manera has entendido esto, y tienes el deseo de aprender a agradar a Dios, así que con eso vamos ganando puntos. Cabe destacar que muchos van de un fracaso a otro no por voluntad de Dios sino porque no están viviendo bajo la voluntad de Dios, van errantes por el mundo haciendo cosas para las cuales no fueron creados, cosas que Dios nunca las planeo para ellos y por eso no alcanzan éxito, por eso es importante asegurarte de estar donde Dios quiere y no donde tú crees que debes estar. Para saber lo que alguien quiere que hagas, tienes que preguntárselo, por eso es que al final de cada capítulo de este libro hay una oración, porque necesitamos sintonizarnos con nuestro Padre celestial, esta oración al final de cada capítulo es solo una oración de ejemplo, tú tienes el deber de expresarte con tus propias palabras, pero sin perder el enfoque de lo que vamos a pedirle a Dios.

Hoy podemos vivir según la voluntad de Dios

Incluso si no hemos estado viviendo como el Señor desea, Él está dispuesto a recibirnos tal como estamos, y comenzar a guiarnos a su voluntad si lo obedecemos, este siempre ha sido su deseo para nosotros; Que seamos; llenos del conocimiento de su voluntad en toda sabiduría e inteligencia espiritual (Colosenses 1:9) Es asombroso lo que el Señor puede hacer en una persona que se rinde a Él por completo, sin importar la edad que tengas, o cuantos fracasos hayas tenido, ten por seguro que Dios siempre tiene un plan para cada quién.

Si bien nuestro pasado no puede cambiar, Cristo nos capacita para seguir su voluntad mientras vive en y por medio de nosotros, una vez que nos arrepentimos de nuestros pecados. Incluso aquellos que han odiado a Dios y rechazado a su Hijo son invitados a buscarlo para que puedan tener una vida nueva. Saulo de Tarso es un buen ejemplo de esto. Perseguía a los cristianos hasta que el Señor se le apareció, lo transformó por medio de su trato personal con Él, en uno de sus apóstoles. Nadie es demasiado malo para no poder ser salvo por Dios, si deposita sinceramente su fe en Cristo. Si tienes el deseo y la pasión de hacer algo, y está dentro de la voluntad de Dios ten por seguro que lo lograrás si te esfuerzas y eres valiente.

Oración de Dirección Divina.

Padre celestial, te adoro y exalto tu grandeza, tu el creador de todas las cosas, mi Dios y mi Señor, vengo ante ti para que seas el Rey de mi vida, y me enseñes a vivir para ti, deseo con todo mi corazón ser lleno del conocimiento preciso de lo que tú deseas para mí, dame sabiduría y entendimiento espiritual, para que una vez yo sepa lo que quieres, pueda vivir y hacer lo que tú deseas para mí. ¡Gracias!. En el nombre de Jesús, ¡Amén!

DÍA 2

¿Por qué debo hacer su voluntad?

No os conforméis a este siglo, sino transformaos por medio de la renovación de vuestro entendimiento, para que comprobéis cuál sea la buena voluntad de Dios, agradable y perfecta. Romanos 12:2

Hay unos estudios científicos que confirman que cada día los seres humanos tomamos aproximadamente 35,000 decisiones, y de estas tan solo el 1% o menos, las tomamos de forma consciente, lo demás son reacciones casi automáticas. Mi punto es que la vida se trata de decisiones, todo lo que hacemos o no hacemos fue una interrogante primero, y luego una respuesta a esa interrogante.

Ahora, por supuesto, no podemos esperar que hacer la voluntad de Dios es preguntarle a Él esas 35,000 decisiones que debemos tomar, más bien estamos hablando de esas decisiones que podrían cambiar el rumbo de nuestras vidas, decisiones como: Qué carrera universitaria estudiar, mudarnos de ciudad o país, comprar o no una casa, invertir en un negocio, tomar la responsabilidad de algún liderazgo en la iglesia, con quién me casaré, como educar a mis hijos, etcétera.

Hacer la voluntad de Dios es lo mejor para el alma, porque logra desarrollar y ejercitar las virtudes cristianas de la humildad, la obediencia y la fe. Ya que hacer la voluntad de Dios implica reconocer que lo que Él tiene para nosotros es mejor que lo que nosotros podemos planear para nosotros mismos. A continuación, explicaré siete razones de por qué la voluntad de Dios es crucial para nuestra vida:

1. Porque me mantiene en su camino de salvación

Jesús dijo: No todo el que me dice: Señor, Señor, entrará en el reino de los cielos, si no el que hace la voluntad de mi Padre que está en los cielos." (Mateo 7:21) Vivir bajo la voluntad universal, obedecer la voluntad moral, y dejarnos guiar por la voluntad deseada de Dios, son lo único que nos asegura que estaremos en el camino que Él enseña en su palabra, ya que toda la guía que nos da el Espíritu de Dios nos mantendrá a salvo de cometer cualquier pecado que ofenda a Dios, así permanecer cuidando nuestra salvación con temor y temblor, como nos enseña Filipenses 2:12, ya que Dios nunca te dirá que hagas algo que te haga pecar, ni que te saque de sus propósitos, ni que viole ningún aspecto de su voluntad.

2. Porque su voluntad me guía a su propósito

Dios fue quien nos diseñó, cuando hacemos la voluntad de quien nos diseñó, funcionamos como debemos. Eso nos da felicidad, porque podemos ver cómo Dios nos coloca en el lugar, tiempo y condición idónea para cumplir con sus propósitos. Tenemos que entender que ya no vivimos solo porque sí, ni para agradarnos a nosotros mismos, o a los hombres, sino para agradar a Dios, vivimos para su gloria.

Porque somos hechura suya, creados en Cristo Jesús para buenas obras, las cuales Dios preparó de antemano para que anduviéramos en ellas (Efesios 2:10). Dios preparó de antemano lo que íbamos a hacer, Él nos creó con un propósito específico y para situaciones especiales. Si, por ejemplo, la persona que se inventó la sombrilla nos ve tratando de usarla para matar moscas, ¿Qué nos va a decir? Por supuesto que dirá: "Yo no inventé la sombrilla para eso". Lo mismo nos dirá la persona que inventó el matamoscas si lo usamos para tratar de escribir en una hoja con el, o si usamos una silla para tratar de freír un huevo y etcétera, dirán: eso no es para eso. De la misma manera, es la razón por la cual tenemos que hacer la voluntad de Dios, porque tenemos una asignación específica, no podemos perder nuestro tiempo, ni hacer cosas para las cuales no fuimos diseñados.

3. Porque su voluntad nos da plenitud espiritual

Entre aquellas personas que no están haciendo la voluntad de Dios, hay dos tipos que podemos clasificar:

A- La persona consiente: Es la persona que no se dedica a hacer la voluntad de Dios, y esta consiente de esto, vivirá sabiendo que de alguna u otra forma le falta algo, y que hay algo que debería hacer, y no lo está haciendo.

B- La persona inconsciente: Es la persona que no hace la voluntad de Dios pero no sabe que lo tiene que hacer. Esta se sentirá como un rompecabezas sin armar, y no entiende por qué se siente así.

Las personas que no están haciendo la voluntad de Dios nunca podrán vivir en plenitud, o bien llamada: La prosperidad espiritual; Esto es cuando vivimos bajo la voluntad de Dios, y nuestra vida espiritual florece, y comenzamos a alcanzar la saciedad en Cristo en cuanto a nuestro propósito, porque comenzamos a funcionar y a vivir lo que deberíamos, a medida que ponemos a disposición de Dios nuestros dones y talentos, habilidades, personalidad y aportaciones para la voluntad de Dios, podemos ir logrando llegar al punto de satisfacción personal, satisfacción de haber logrado nuestro propósito personalizado, y saber que Dios está agradado con nosotros porque vivimos bajo su voluntad moral.

Jesús les dijo: Mi comida es hacer la voluntad del que me envió y llevar a cabo su obra (Juan 4:34), La comida natural aparte de proporcionarnos energía y nutrientes también nos podemos deleitar por el sabor, saciar nuestra hambre y también proporcionarnos deleite, es por lo mismo que Jesús aquí dice que su comida, y no solamente hablando de lo que lo alimenta, sino también lo que lo deleita; de la misma manera nosotros cuando comenzamos a vivir bajo la voluntad de Dios podemos deleitarnos en cumplirla.

Cuando en Romanos 12:2 podemos leer: No os conforméis, etimológicamente dice: No te amoldes a la corriente de este mundo, no pienses como el mundo piensa, piensa distinto, piensa como Cristo, y no como el mundo quiere que pienses.

Hay que reconocer que este mundo está cambiando constantemente, y este mundo está siendo reinado por Satanás, y diseñado por él, el enemigo tiene como propósito mantener a las personas inconformes, tristes, vacías, deprimidas, reprimidas, y con una sensación de falsa libertad y alegría, ya que esa libertad y alegría son en verdad una esclavitud al pecado, y Satanás nuestro enemigo (1 Pedro 5:8) quiere que los cristianos también caigamos en vivir una vida miserable, y la única manera en que él puede lograrlo es contaminando nuestras mentes con duda sobre la voluntad de Dios, tentándonos y exponiéndoos ante los deseos carnales, y mundanos en nosotros, para así intentar quitar nuestra mirada de Dios y su voluntad, y hacer que la pongamos en este mundo.

Si fallamos ahí es donde podemos caer en esa trampa, entonces así sería imposible entender que es lo que Dios quiere que hagamos, ¿Y por qué?, porque cuando la gente esta así, está engañada, manipulada y turbada, y sobre todo distraída del propósito, todo lo contrario a esa plenitud que encontramos cuando sabemos que estamos bajo la voluntad de Dios.

4. Para ser guiados por el Espíritu Santo

Porque todo aquel que hace la voluntad de mi Padre que está en los cielos, ese es mi hermano, y hermana, y madre (Mateo 12:50) El hacer la voluntad de Dios te coloca a la mesa familiar de Dios, ya no eres una persona común, sino que te conviertes en alguien de confianza, alguien digno de llevar una persona a tu lado que te va mostrando el camino que debes seguir, Esa persona es el Espíritu Santo, Porque todos los que son guiados por el Espíritu de Dios, estos son hijos de Dios (Romanos 8:14), estamos a la mesa del Padre Celestial, entre personas escogidas para que el Espíritu de Dios les muestre que deben hacer, y para que sus propósitos se cumplan, no cualquiera puede tener este privilegio de escuchar la voz dulce del Espíritu Santo que lo guíe, porque esto nos empodera con autoridad y seguridad. Autoridad para cumplir su voluntad con poder de Dios, y seguridad de caminar acompañados del Todopoderoso que todo lo sabe.

5. Por medio de la voluntad de Dios revelada se toman decisiones sabias. Hay cuatro formas de escoger una decisión sabiamente:

1. **Con necedad:** No buscar ningún consejo para tomar una decisión, o escuchando un buen consejo y no ponerlo en práctica. Esto conlleva un %99.9 a %100 de probabilidades de fallar, un ejemplo de esto es el rey Saúl en 1 Samuel 15.

1. **Con Ignorancia:** Tomando decisiones sin consultar a alguien más experimentado y sabio, sino a alguien igual o menos experimentado que nosotros, un ejemplo de esto es el rey Roboam en 1 Reyes 12:14. Esto conlleva un %99.9 Probabilidades de fallar, ya que haremos todo lo contrario a lo que deberíamos hacer, preguntándole a personas que no tienen ni experiencia, ni sabiduría.

1. **Con Inteligencia:** Tomar decisiones con base a las experiencias que ya hemos tenido nosotros, o alguien igual o más sabio que nosotros, aquí hay un %75-%80 de probabilidades de éxito, pero aun así, es un gran riesgo. Un ejemplo de esto es la manera en la que Jetro aconsejó a Moisés en Éxodo 18.

1. **Con sabiduría:** Aprendiendo del error de otros individuos, y tomando decisiones conforme a la voluntad de Dios, siendo guiados y respaldados en oración por el Espíritu Santo, aquí hay un %100 de probabilidades de éxito, ya que Dios nunca se

equivoca, y todo lo que permite en nuestras vidas obrará para bien. Como Ester; (Ester 4:15-16).

6. Nos da paz y seguridad del futuro

El problema más grande que podemos tener al momento de ceder ante la voluntad de Dios, es el reto de confiar en que lo que Dios tiene para nosotros es mucho mejor que lo que nosotros podemos planear para nosotros mismos. Pero cuando sigues la voluntad de Dios para tu vida, puedes ver cómo los eventos de ayer te prepararon para las pruebas del hoy y las oportunidades de mañana. Entonces comenzamos a ganar más confianza en Dios, de que Dios tiene todo bajo control, y que todo obra para bien, mientras me mantenga amándolo y viviendo bajo su voluntad, cumpliendo su propósito. Porque yo sé los pensamientos que tengo acerca de vosotros, dice Jehová, pensamientos de paz, y no de mal, para daros el fin que esperáis (Jeremías 29:11).

7. Él se agrada de nosotros.

Pero sin fe es imposible agradar a Dios; porque es necesario que el que se acerca a Dios crea que le hay, y que es galardonador de los que le buscan (Hebreos 11:6) A Dios le agrada y recompensa al que confía en Él, a cualquier padre amoroso le agrada cuando su hijo está confiado de que Él lo cuida, le provee, lo guía y lo protege, Dios es nuestro Padre celestial, Él tiene cuidado de nosotros, se siente alegre cuando confiamos en Él, y se entristece cuando desconfiamos, porque es señal de que no creemos que Él tenga la capacidad de cumplir lo que dice, y eso lastima el corazón de Dios. Depositemos toda nuestra confianza en Él, de esta manera nuestra fe le adora, además Dios favorece a quienes confían en Él.

Seguir la voluntad de Dios es una decisión muy sabia y que nos transforma, nos posiciona en el camino de salvación, nos guía hacia su propósito divino, nos llena espiritualmente, nos empodera con la

guía del Espíritu Santo, nos permite tomar decisiones sabias y nos otorga paz y seguridad en nuestro futuro. Al vivir bajo su voluntad, experimentamos una plenitud espiritual que nos lleva a cumplir nuestro propósito específico, diseñado por el Creador. Además, al agradar a Dios con nuestra obediencia y confianza, experimentamos la satisfacción de vivir en línea con su divina voluntad. En resumen, hacer la voluntad de Dios es la clave para una vida plena, significativa y en armonía con el propósito divino.

Tenemos tantos beneficios cuando vivimos bajo la voluntad de Dios, por lo mismo nunca debemos dudar en obedecerle y así seguir manteniéndonos en su voluntad.

Tiempo de Oración.

Padre Celestial, te adoro, te pido perdón si en algún momento no hice tu voluntad, o me desvié de la misma, te pido que tu Espíritu Santo tome control de mí, y me ayude a fortalecer el deseo de agradarte, y poner en acción el vivir bajo tu voluntad, convence mi corazón de vivir para ti, y agradarte en todo. En el nombre de Jesús, ¡Amén!

DÍA 3

¿Mis sueños o su voluntad?

Hay camino que al hombre le parece derecho;
Pero su fin es camino de muerte. Proverbios 14:12.

Escuchamos muchas veces por la televisión, en algún libro, a algún orador, a un influencer, en la letra de alguna canción, en una camiseta: "Ve por tus sueños", y sí, se oye muy bien; Bonito y emocionante, pero yo te hago una pregunta súper importante; ¿Tus sueños son parte de la voluntad de Dios para tu vida? Ahí está la cuestión que veces no nos gusta investigar, y son algunas de las causas por las cuales perdemos tiempo en nuestras vidas, yendo detrás de sueños a los cuales Dios nunca nos envió a conquistar.

Es algo muy de tendencia en estas últimas décadas; "Ve por tus sueños" es una frase muy utilizada por la gente del mundo, frase la cual siempre va acompañada con muchos consejos ego centristas, los cuales dan mucho de que hablar. Muchas veces admiramos a esas personas que dicen estos consejos porque tienen la apariencia de éxito y prosperidad, pero no sabemos la verdad detrás de eso, pero nos gusta lo que hacen o dicen, a veces por falta de identidad queremos ser como ellos, esto nos hace a veces luchar por ideales, metas y anhelos que están contrarios a lo que Dios quiere para nosotros, ya que no van conforme a lo que Él ha depositado en nosotros, sino que es lo que vemos en otros.

Dolorosamente estamos en la era del egocentrismo, donde solo importa lo que exclusivamente me complace, no me interesa si le afecta o beneficia a otros a menos que me convenga, o si tengo que pasar por encima de otros para poder brillar, como hemos dicho antes; El mundo solo busca placer y huye del dolor a toda costa, y no es que corramos a ellos, pero hay veces que solo a través del sufrimiento es que podemos lograr cosas verdaderamente significativas y de beneficio trascendental para todos.

Hay que ser aún más honestos: La frase "Ve por tus sueños" ni siquiera es bíblica, en ninguna parte de la Biblia Dios le dice a alguien; Has lo que quieras así te irá mejor que si escoges lo que yo quiero para ti. Claro que no, todo lo contrario la palabra de Dios dice: Hay camino que al hombre le parece derecho; Pero su fin es camino de muerte (Proverbios 14:12). Y también dice en Jeremías 10:23; Conozco, oh Jehová, que el hombre no es señor de su camino, ni del hombre que camina es el ordenar sus pasos.

Dios concederá las peticiones de tu corazón

Hay algo que nos hace falta explicar, y es un versículo muy mal usado por algunos predicadores, y confieso que incluso yo misma en un pasado lo utilicé mal, todo por culpa de la mala interpretación de una palabra, es el versículo que dice: Deléitate asimismo en Jehová, Y Él te concederá las peticiones de tu corazón (Salmo 37:4); La parte que más les gusta a la gente recitar esta supuestamente bien explícita, y es la que dice que; Dios concederá las peticiones de nuestro corazón, por lo tanto, quiere decir que yo me he equivocado con lo que dije en los párrafos anteriores? No, ya que no podemos interpretarlo tomando en cuenta solo la segunda parte del versículo, ya que eso sería una técnica incorrecta de exégesis, la primera parte del versículo, que dice: Deléitate asimismo en Jehová, y Él (Entonces) te concederá las peticiones de tu corazón... Claramente dice que sí, Dios nos quiere conceder nuestros anhelos, pero debemos deleitarnos primero en Él.

Deleitarnos en Jehová

Deléitate, etimológicamente en este versículo del cual estamos hablando (Salmo 37:4) no significa disfrutar, sino que se traduce como ser suave o moldeable, es decir, déjate moldear en el Eterno, cabe destacar que tampoco dice por el Eterno, sino "En el Eterno", lo cual implica entrar, es decir, moldearte no conforme al molde del mundo, sino conforme al molde de Dios, no busques de ejemplo a la gente del mundo, ni las cosas del mundo, si no moldeate en Dios, conforme al molde de Cristo; Conforme a la palabra de Dios.

Nuestros sueños serán conforme a su voluntad

Al momento que permitimos ser moldeados conforme al molde de Jehová, por causa de permitir que Dios rompa todo molde antiguo, el molde del mundo, del dolor, de la carne; Entonces nuestra mente automáticamente comienza a cambiar, y es de esta manera cuando podemos comprobar cuál es la verdadera voluntad de Dios para con nosotros; Así es como nos dejamos transformar por Él, nos moldea y nos da la forma que debemos tener, y solo así soñaremos lo que Él quiere que soñemos, y solo así podrá cumplir su voluntad por medio de nuestras vidas.

Decidir su voluntad sobre la nuestra.

Hay una guerra que se desata en nuestra mente y corazón cada vez que tenemos que hacer algo que Dios quiere, es la guerra de escoger vivir su voluntad o la nuestra, y la tarea está en que primero debemos ser alguien que desee vivir para Dios más que para sí mismo, porque si solo nos enfocamos en satisfacernos nunca viviremos para cumplir su voluntad, y constantemente estaremos huyendo de Dios, sin embargo, si nuestro anhelo es agradarle, todo lo que está en nuestras vidas girará en torno a Dios. Y no tratemos de engañarnos a nosotros mismos diciendo: Es por Dios que lo hago cuando no es cierto, porque de nada nos sirve hacer cosas malas que parezcan buenas, cuando algo es voluntad de Dios no contradice su palabra, no daña la obra de Dios, ni lastima a nadie; Contrario a cuando hacemos nuestra voluntad, que siempre sale alguien lastimado, violamos la palabra de Dios y dañamos su obra.

La amistad con el mundo

Tenemos que tener cuidado con lo que está influenciándonos, porque si la influencia del mundo es más fuerte sobre nosotros que la influencia de Cristo, no haremos la voluntad de Dios sino la del diablo. ¡Oh almas adúlteras! ¿No sabéis que la amistad del mundo es enemistad contra Dios? Cualquiera, pues, que quiera ser amigo del mundo, se constituye enemigo de Dios (Santiago 4:4), Cuando permitimos que la mentalidad mundana nos influencie corremos el riesgo de caer o perdernos de la voluntad de Dios, ya que el mundo solo busca complacerse, el mundo es egoísta, materialista, libertino, cruel y no agrada a Dios.

Deleitarnos en nosotros

Aún siendo cristianos sinceros algunas veces nuestros sueños podrían seguir siendo egoístas, y esto puede ser debido a que los objetivos, y/o fuentes de inspiración que utilizamos para motivarnos a esforzarnos por lograr lo que queremos no son los correctos, esto pasa cuando queremos alcanzar ciertas metas, pero no para cumplir el propósito de Dios, sino para complacernos, tan solo queremos lograr obtener un sentimiento, en ese momento aún ficticio para nosotros, como el del "éxito" por ejemplo, y digo ficticio porque no sabemos como se siente aún, ya que como no lo hemos logrado, no sabemos, porque incluso aún no conocemos el sacrificio o consecuencias que hay detrás de ese supuesto sentimiento de éxito que queremos obtener, otros ejemplos de malas fuentes de inspiración o motivación son querer hacernos ricos y famosos, ser admirados, "amados", tener el anhelo de complacer o sorprender a alguien, por demostrar que somos mejores que nuestros rivales, por contienda, vanagloria, etcétera, nada de esto nace del corazón de Dios, sino que nace de un corazón herido que busca en las cosas del mundo, satisfacción pecaminosa de esa alma que esta rota, y está sedienta, pero las cosas del mundo no pueden saciar la sed del alma.

Hay que reconocer que todos los sentimientos y emociones son pasajeras y banales, al haber alcanzado la meta ese sentimiento pasará, y es por esa misma razón que la gente del mundo logra tantas cosas, pero al final se sienten vacíos, porque ya obtuvieron lo que ellos querían, tan solo sentimientos y emociones pasajeras, pero no cumplieron el propósito por el cual Dios los creó, y se dan cuenta de que nada de eso los sacia.

Nosotros no podemos ser como la gente del mundo, claro que Dios si quiere que nos sintamos realizados, y también que es don de Dios que todo hombre coma y beba, y goce el bien de toda su labor. (Eclesiastés 3:13), sin embargo aún haciendo la obra de Dios, y haciendo su propósito lo podemos hacer mal cuando lo hacemos por inspiración y objetivos incorrectos, todo lo que hagamos debemos hacerlo con Dios como inspiración y por sus objetivos, no por los nuestros.

Es entonces cuando debemos autoanalizarnos, y ser muy sinceros si es que queremos sacar provecho y poder lograr algo contundente en nuestras vidas, analizar las intensiones de nuestro corazón y de esta manera saber cuál es nuestro verdadero objetivo de vida, si lo que queremos realizar es por propósitos terrenales o por propósitos eternos.

¿Por qué no recibo lo que pido a Dios?

En Santiago 4:3 dice: Pedís, y no recibís, porque pedís mal, para gastar en vuestros deleites; Esto es impactante, ¿Por qué es que tantos predicadores no mencionan esto?, solo dicen: pide, ora, declara, proclama, pero donde está el pedir conforme a la voluntad de Dios, aquí claramente dice; No reciben porque piden mal, porque piden para sí mismos, ¿Cómo se llama esto? Egoísmo, no reciben porque su propósito es terrenal, solo para autocomplacerse.

Es que hay que entender que no somos seres humanos normales, hemos sido lavados por la sangre del cordero, somos siervos de Cristo, no pertenecemos a este mundo, ni al reino de las tinieblas, ni al reino de los hombres, nuestro propósito ahora es servir a Cristo, ahora todo lo que hacemos no gira en torno a nosotros ni a complacer a los demás, sino que a quién queremos complacer es a Dios.

Decide desde hoy en adelante dejarte guiar por el Espíritu de Dios; Porque todos los que son guiados por el Espíritu de Dios, estos son hijos de Dios (Romanos 8:14). Nunca te apresures a empezar tantos proyectos, mejor ven a Cristo, fortalece siempre tu relación con Él, si nos dedicamos a vivir para el Señor, a ser moldeados por Él, Él mismo se encargará de bendecirnos; (Santiago 4:10) Humillaos delante del Señor, y Él os exaltará. No te desesperes en lograr hazañas sorprendentes, ni logros admirables, la mejor hazaña que podemos lograr es ser humildes en reconocer que sin Él no podemos nada, debemos permitir ser moldeados hasta que Cristo sea formado en nosotros, y a su tiempo Él nos va a recompensar, si no desmayamos. No nos cansemos, pues, de hacer bien; porque a su tiempo segaremos, si no desmayamos (Gálatas 6:9).

Oración de compromiso.
Padre amado, te exalto y honro tu nombre,
Ayúdame a dejar moldearme conforme a ti para poder entenderte y soñar lo que tú sueñas, enséñame a luchar contra las influencias de este mundo y no dejarme seducir por todo aquello que me pueda sacar de tu voluntad, gracias por ayudarme a través de este libro a entenderte y aprender a vivir para ti, de hoy en adelante me comprometo a deleitarme en ti; A ser moldeable, para poder lograr cumplir el propósito por el cual me creaste.
En el nombre de Jesús, ¡Amén!

Segunda parte

La voluntad de Dios para mi familia

DÍA 4

Escogiendo mi cónyuge conforme a su voluntad.

Y sucedió que cuando Jacob vio a Raquel, hija de Labán, hermano de su madre, y las ovejas de Labán, hermano de su madre, Jacob subió y quitó la piedra de la boca del pozo, y dio de beber al rebaño de Labán, hermano de su madre. Entonces Jacob besó a Raquel, y alzó su voz y lloró. Génesis 29:10 y 11

Este tema no solo es para los que se quieren casar, sino también para nosotros que en algún momento tendremos que aconsejar a alguien que se nos acerquen con esta duda. ¿Con quién me casaré? Esta interrogante retumba todo el tiempo, en la cabeza de aquellos solteros que anhelan matrimonio, y cuando eres alguien que entiende que su vida debe ir conforme a la voluntad de Dios, y así quieres vivir, te produce algo de ansiedad, si tienes un prometido(a), incluso dudas de que si es o no la persona correcta, o si es la voluntad de Dios. Y es más preocupante aún, si ya te casaste, y a veces piensas que escogiste mal.

He escuchado a mucha gente decir, estamos orando para que Dios nos confirme si es su voluntad, pero según lo que la palabra de Dios me enseña, eso no es así, este tipo de decisiones no se toman de esta manera, y te explicaré por qué: Cuando dos personas deciden casarse, quienes se van a casar son ellos, no Dios, esta es la principal razón por la cual podemos afirmar que Dios no te dice con quién te vas a casar, Dios no se mete en eso, quién escoge su pareja somos nosotros, la decisión de decir si o no nos toca a nosotros, ya que eso es algo personal, y te lo comprobaré bíblicamente. Lo que Dios sí ha hecho es trazar algunos parámetros por medio de su palabra, los cuales deben ser cumplidos por cada integrante de la pareja que pretenden unirse en matrimonio, para que así puedan recibir la aprobación de Dios.

Escogiendo mi pareja conforme a su voluntad

Hay dos cosas que son sumamente importantes que debemos de estar seguros de cumplir al momento de escoger nuestro futuro compañero de vida: La primera y más importante es que la persona que estás escogiendo crea y practique la misma doctrina espiritual, y tengan el mismo, o parecido nivel de crecimiento espiritual. Para esto necesitarás tu observación y la guianza del Espíritu Santo.

Con esto de la misma fe, doctrina espiritual y nivel de crecimiento espiritual parecido, es dónde mucha gente se equivoca grandemente, esta es la primera y más importante, no solo se trata de que crea en Cristo, que sea cristiano, sino que profese la misma doctrina que tú, que haya sido enseñado, de la misma forma, porque entonces, si no es así, traerá grandes problemas en un futuro a sus vidas. Si tu caso es que no son de la misma doctrina, es importante escoger en que congregación se congregaran cuando se casen, y comenzar a ser enseñados doctrinalmente allí, para así tener y profesar la misma fe, y doctrina.

Tampoco podemos casarnos con alguien que es mucho más avanzado que nosotros en las cosas espirituales, porque nuestra inmadurez podría serle de atraso, y algunas veces de piedra de tropiezo, tendrá que esperar a que madures a su nivel y eso no es algo garantizable, entonces si esta persona esta a punto o en desarrollo de su llamado, podría ser muy perjudicial para la obra de Dios.

De la misma manera nos sucederá si nosotros somos los más maduros y nuestra pareja es un neófito (Nuevo convertido) o si a penas va empezando a crecer, y nosotros somos mucho más maduros. Tenemos que evitar escoger de esta manera.

Escogiendo mi pareja conforme a mi gusto

Lo segundo más importante, es que cuando escojas a esta persona, debe ser alguien que te atraiga, tanto almáticamente, como físicamente; Que te agrade su aspecto, su personalidad y carácter, la personalidad incluye gustos, tendencia, tipo de humor, manera de reaccionar ante ciertas situaciones, etcétera. Carácter describe los aspectos visibles de la personalidad; Sobre si es alguien responsable, leal, puntual, persistente, etcétera.

Dentro de la personalidad y carácter hay rasgos negativos y positivos, que tendrás que estar dispuesto a soportar, ya que nadie es perfecto. Pero hay cosas que nunca se deben soportar como la violencia, deslealtad, maltrato, irresponsabilidad en el área financiera, entre otras que lamentablemente rara vez se descubren antes de casarse, pero si al casarse te das cuenta, debe ser tratado en consejería matrimonial inmediatamente, no ocultarlo, ya que a veces se hace por vergüenza, y si no hay un cambio notable y constante, podría ser autorizado un divorcio justificado.

La atracción física también es importante, tomando en cuenta que obviamente, todos envejeceremos y con el tiempo cambiaremos, pero sabemos que hay detalles físicos que pueden preservarse atractivos según el gusto de cada persona, aunque por supuesto atraerse físicamente no es lo más importante, pero si influye en la relación. No decidimos cuando enamorarnos, ya que es algo espontáneo, pero no puede el enamoramiento sobrepasar nuestra espiritualidad, no podemos dejarnos guiar tan solo por los impulsos emocionales y sentimentales al momento de tomar la decisión de casarnos. Porque como dicen por ahí: ¨El novio no vió¨, no se dio cuenta de la terrible decisión que tomaba, porque no analizó a la persona, se dejó llevar de sus hormonas, y no de la guianza de la voluntad de Dios.

Su voluntad de Dios para el noviazgo

¿Cuáles son los no, y los sí de un noviazgo cristiano? A continuación enumeraremos 10 puntos básicos e indispensables que deben desarrollarse durante el tiempo que dure el noviazgo:

1. La meta del noviazgo es llegar al matrimonio

Toda relación sana de noviazgo tiene un como objetivo único y final el matrimonio. Cuando dos personas deciden empezar su relación, es porque ambos han entendido que de esta manera se comprometen, para en cierto momento, casarse para pasar casados el resto de sus vidas. Por eso, no se debe empezar un noviazgo, si antes no se tuvo un tiempo prudente de amistad.

2. Tener mentores espirituales

Como parte del tiempo de preparación para el matrimonio, es de suma importancia que los novios puedan tener una persona (preferiblemente una pareja casada) que puedan servir de mentores, con quienes podrán rendir cuentas. Estas personas deben ser cristianos maduros, de buen testimonio, para que así puedan guiarles durante el noviazgo y el matrimonio.

Para que la obra de los mentores sea exitosa, se debe procurar la mayor sinceridad y transparencia departe de los novios. No ocultar nada que haya pasado, o esté pasando, Asimismo, se recomienda clases prematrimoniales para que los novios puedan tener una perspectiva más clara, de la decisión que están a punto de tomar.

3. No fornicarás

La palabra de Dios dice que el creyente debe huir de la fornicación (1 Corintios 6:18). Los novios cristianos deben mantenerse santos, alejados del pecado de fornicación. Las relaciones sexuales antes del matrimonio quebrantan la voluntad moral de Dios, es pecado que traerá consecuencias negativas a la pareja, tanto en su noviazgo, y si llega a lograrse, en su futuro matrimonio.

4. Evitar quedarse solos

Con el fin de no exponerse a la tentación de la fornicación, los novios deben evitar estar solos. Es mejor estar siempre acompañados de amigos o familiares, o de una persona que pueda servir de chaperón, esto con el fin de mantener la santidad que todo cristiano debe tener ante Dios que todo lo ve.

5. Hablar sobre temas delicados

Tarde o temprano lo que no se resuelve conversando, será una razón para discusión y molestia. Por supuesto que los temas delicados estarán ahí, el elefante en el cuarto, pero deben hablarse, ser transparentes con respeto. Cuando se evita tocar los temas "incómodos" podría ser muy riesgoso de cara al futuro.

6. Propongan un plan de ahorro

En algún momento tendrán que celebrar su boda, mudarse a su propio hogar, y tendrán nuevas necesidades de bienes como pareja, es indispensable ahorrar dinero.

En este sentido, si ambos están trabajando, deben ponerse de acuerdo en cuanto a los gastos y los ahorros. Para que les vaya mejor en los resultados de sus finanzas, ambos deben estar comprometidos y en acuerdo para llevarlo a cabo en unidad.

7. Muestre respeto mutuo

El respeto, junto al amor, son la base de donde se fundamenta toda relación matrimonial. Por eso, el noviazgo está supuesto a ser un periodo de armonía e ilusión, y cuando se pasa la línea del irrespeto, entonces la pareja está estableciendo las bases para un fracaso. Donde no existe el respeto, no puede haber una relación saludable, y mucho menos duradera.

8. Conocer la familia de tu pareja

Por supuesto que todas las familias son diferentes, por lo mismo es importante procurar conocer a la familia de la pareja. Primero y más importante a los padres, hermanos, o la persona que representa su autoridad. Aunque en algunos casos esta figura de autoridad puede ser un hermano mayor, los abuelos o los tíos. Sea cual fuere, es saludable y de bendición poder tener un conocimiento claro de los familiares, pues cuando una pareja se casa, establece una relación también con la nueva familia.

Escoger a la pareja es aprender a tener un balance entre la voluntad de Dios, y lo que me agrada a mí, ya que ambos deben sentirse complacidos con esta decisión, tú a tu gusto, y al de Dios con su voluntad. También entender que el noviazgo debe ser con propósito, y debe ser desarrollado correctamente, porque eso asegura un mayor éxito en el futuro matrimonio, si Dios lo permite.

Oración de Dirección Divina.

Padre Amado, te adoro, Ayúdame a aplicar esta enseñanza a mi vida y así prepararme para llevar un noviazgo conforme a tu voluntad, también quiero ser capaz de enseñar a otros. Perdóname si mis pensamientos y mis acciones en cuanto al noviazgo no estaban alineadas a tu voluntad, de hoy en adelante decido cambiar y ser un ejemplo en pensamiento y obra.

En el nombre de Jesús, ¡Amén!

DÍA 5

Un matrimonio bajo la voluntad de Dios.

Y dijo Jehová Dios: No es bueno que el hombre esté solo; le haré ayuda idónea para él. Génesis 2:18-23.

El matrimonio es la base de la sociedad, pero no podemos ocultar la realidad de que cada año las estadísticas sobre matrimonios y divorcios de las diferentes organizaciones mundiales pronuncian: "El matrimonio cada vez genera más rechazo entre las nuevas generaciones, que prefieren optar por modelos de pareja y convivencia más flexibles", El diablo y sus demonios han hecho un buen trabajo y no se detienen.

La idea de un matrimonio feliz y que perdure hasta la separación de la muerte, cada día se va opacando más, los jóvenes no quieren casarse, tienen miedo al fracaso, a sufrir, o simplemente quieren el camino más sencillo; Por no esforzarse, y obviamente por culpa de que se ha estropeado la imagen del mismo, por culpa de la falta de conocimiento, mala interpretación, y la incorrecta práctica de los fundamentos del matrimonio cristiano, la lejanía e ignorancia de la voluntad de Dios en la humanidad ha malogrado la moral cristiana de nuestra sociedad, y el orden que Dios estableció desde un principio. Con esto podemos decir, que el ser humano se ha alejado demasiado de Dios, y por lo mismo ha destruido el matrimonio que Dios formo, y si destruye el matrimonio, destruye la sociedad que depende de el, toda esta destrucción es bien respaldada por el reino de las tinieblas, cuyo líder, la serpiente antigua, desde un principio de la creación, en el Génesis se entrometió con el primer matrimonio, Adán y Eva, el diablo los tentó para que desde ahí se corrompieran, y sacarlos del propósito divino, a pesar de todo esto Dios siempre vence, y tenía un as bajo la manga, y nosotros también lo haremos si estamos de su lado, y le obedecemos siguiendo sus preceptos.

No hay matrimonios perfectos, pero si felices

Lo primero y más importante que debemos saber es que no hay matrimonios perfectos, ya que nadie es perfecto, pero si puede haber matrimonios felices, porque sí podemos llegar a la excelencia, y precisamente esa es la voluntad de Dios.

Que seamos felices; Parejas disfrutando de amarse mutuamente, el deseo de Dios es que las parejas puedan vivir en orden y armonía, que sean unidos y puedan superar cualquier desafío exitosamente, que sean de ejemplo para las nuevas generaciones; De inspiración y motivación, que reflejen el verdadero evangelio por medio de su relación.

Mientras los matrimonios cristianos estén alineados a sus propósitos divinos lo pueden lograr, y lo van a hacer. Desde el principio de la creación el matrimonio fue algo que nació del corazón de Dios, es la primera institución establecida por Él, en el libro de Génesis no hay evidencia de que en algún momento Adán le haya pedido a Dios que le hiciese una compañera, sino que el mismo Dios fue quién dijo que no era bueno que el hombre estuviese solo, había que hacerle una ayuda complementaria, una persona que estuviese a su lado y fuera su contraparte, para apoyarle en todo lo que hiciera, y fuera quién completara lo que Adán no pudiese hacer por él solo, lo que Dios tenía en mente era que fueran una familia.

Como Dios fue quién instituyó el matrimonio, Él es el único que puede decirnos como debe ser, y el por qué lo diseñó así, y cuál es el propósito del mismo; He enumerado una lista de 7 aspectos básicos que reflejan la voluntad de Dios para un matrimonio feliz, para Dios es importante que los conozcamos y entendamos, y con la ayuda del Espíritu Santo poder aplicarlos para que nuestro matrimonio sea de agrado para Él, y por ende de nosotros, nunca vamos a poder disfrutar del mismo si no sabemos como debe ser.

7 puntos importantes sobre la voluntad de Dios para tener un matrimonio feliz:

1- Siempre crecer en el amor mutuo:

1 Corintios 13 Habla sobre como debe ser el amor, y el amor matrimonial está incluido, este debe ser como una gran fogata, pero hay que saber que se apaga si no la alimentamos. Cada recuerdo es un alimento que suple combustible para la llama del amor, o lo puede apagar. Aprende a pensar bien de tu pareja, y meditar en como agradarle. Valora y aprecia sus virtudes, perdona y sobrelleva sus defectos.

Que el amor sea tu vestuario. Amar es una decisión no un sentimiento u emoción. Amor es acciones, y no como tú quieras solamente, sino como tu pareja lo asimile también.

Para poder amar efectivamente a tu cónyuge es importante saber que él o ella tiene una manera de sentirse amado y es tu deber amarle de la manera en que le agrade, y de la misma forma tu pareja tiene una forma de expresar el amor particular, por lo tanto es importante que aprendas a identificar como expresa el amor, y no rechazarle, si ambos ponen en práctica esto resultará que amarás a tu pareja y aprenderás a recibir el amor de parte suya, y él o ella también, entonces ninguno se sentirá no amado.

El amor es acción, y hay muchas maneras de expresarlo: Comprar algo a tu esposo(a) para expresar tu amor (Por supuesto algo que le guste), dar cariño físico a tu pareja (Abrazos, besos, caricias, etcétera.) Pasar tiempo juntos haciendo algo que les agrade mutuamente, estar ahí en los momentos donde tu cónyuge necesite apoyo; Financiero, psicológico y presencial, expresar con tus palabras tu aprecio, elogiar y/o agradecer todo lo que hace tu pareja por ti, y por supuesto hacer algo a favor de tu pareja, servirle de ayuda; No solo la mujer, sino también el hombre, y así mostrar ese carácter humilde y de servicio como nuestro Señor Jesucristo lo hizo cuando vivió en esta tierra.

Todas estas son expresiones de amor. El amor es fundamental y la base de todo matrimonio, e incluso de toda relación, con los hijos, las amistades, la familia, etcétera. Por lo tanto mientras más crecemos y aprendemos a amar, mejores relaciones interpersonales tendremos.

2- Mantener el orden de Dios:

La palabra de Dios nos enseña que el hombre debe ser respetado, pero también dice que la mujer debe ser amada. Y vio la mujer que el árbol era bueno para comer, y que era agradable a los ojos, y árbol codiciable para alcanzar la sabiduría; y tomó de su fruto, y comió; y dio también a su marido, el cual comió así como ella. Entonces fueron abiertos los ojos de ambos, y conocieron que estaban desnudos; entonces cosieron hojas de higuera, y se hicieron delantales (Génesis 3:6 y 7); Tristemente olvidamos que desde el momento en que Adán y Eva pecaron por primera vez, se produjo un caos y perturbación de la armonía de todo lo concerniente al ser humano, esto también incluyo al matrimonio, lo creado por Dios se corrompió, Dios en su omnisciencia sabía hasta donde sería el lío en el que se habían metido Adán y Eva por culpa del pecado, y era el único que sabía que hacer; Por ello estableció un orden claro para el matrimonio, por supuesto, si no llevaban correctamente este orden las cosas irían de mal en peor, Dios recorrió entonces a ordenar el matrimonio, al hombre y a su mujer (Génesis 3:16-19) para poder formar una nueva armonía, debido a como habían sucedido las cosas se vio en la posición de establecer al hombre como líder y responsable del hogar, cabeza, y proveedor, y a la mujer como compañera, ayuda y edificadora del hogar.

Los matrimonios cristianos deben velar por mantener este orden, ya que es el diseño de reparación de nuestro Dios, y debemos confiar en su magnifica y superior sabiduría. Hay grandes problemas en el matrimonio cuando este orden se rompe, o se desorganiza, debemos velar por mantenerlo.

Cuando hay orden ninguno de los cónyuges se siente mal, es responsabilidad mutua de que ambos deben gozar de su rol y vivir felices, el orden no es para abusar de ninguno de los dos, y por supuesto que son un equipo, y juntos pueden conforme a sus acuerdos íntimos y personales, llevar su familia hacia delante y lograr todo el éxito que se propongan.

3- Honrarse y respetarse mutuamente

Muchos cristianos dicen: La mujer debe ser amada y el hombre respetado, sí es cierto, para la mujer es más importante el sentirse amada, pero cabe destacar que no quiere decir que la mujer no debe ser respetada, de hecho en Efesios 5:21 dice: Someteos unos a otros en el temor de Dios, no dice que solo el hombre, sino también la mujer debe ser respetada, en virtud de su honor: Vosotros, maridos, igualmente, vivid con ellas sabiamente, dando honor a la mujer como a vaso más frágil, y como a coherederas de la gracia de la vida, para que vuestras oraciones no tengan estorbo (1 Pedro 3:7), pero también amada porque más adelante en ese mismo capítulo en los versos 28 y 29 dice: Así también los maridos deben amar a sus mujeres como a sus mismos cuerpos. El que ama a su mujer, a sí mismo se ama. Porque nadie aborreció jamás a su propia carne, sino que la sustenta y la cuida, como también Cristo a la iglesia; Esto nos lleva a responder otra interrogante: Entonces ¿El hombre solo debe ser respetado? ¡No! También el hombre debe ser amado, porque él es también el propio cuerpo de la mujer y es un ser humano, también tiene sentimientos, ella debe de amarle, sin embargo el orden de Dios es que el hombre sea la cabeza, por lo mismo se le debe dar prioridad de respeto y sometimiento, algo que es de mucha importancia y apreciable por todos los hombres y por Dios.

4- Practicar el buscar a Dios juntos

La palabra de Dios nos enseña en numerosas ocasiones por muchos pasajes Bíblicos el poder que tiene la oración, una pareja que ora juntos, es una pareja más poderosa y exitosa, porque nosotros hacemos lo humano, pero Dios hace todo lo que el hombre o la mujer no pueden, las victorias se conquistan en lo espiritual; Otra vez os digo, que si dos de vosotros se pusieren de acuerdo en la tierra acerca de cualquier cosa que pidieren, les será hecho por mi Padre que está en los cielos (Mateo 18:19)

Ahora bien, el buscar a Dios incluye además otras cosas más, como: Estudiar y poner en práctica la palabra de Dios, Congregarse con regularidad, Alabar a Dios en intimidad y públicamente, hablar de Cristo a otras personas, y servir en la obra de Dios, Buscar de Dios no es solo oración como muchas personas piensan, mas bien el mismo Jesús dice; Más la hora viene, y ahora es, cuando los verdaderos adoradores adorarán al Padre en espíritu y en verdad; porque también el Padre tales adoradores busca que le adoren (Juan 4:23), la adoración no son cantos, adoración es vivir, adoración es verdaderamente buscar a Dios.

5- Aprendan a satisfacerse sexualmente

Fue Dios quién invento las relaciones sexuales y no el hombre, y hay que quitarse la idea, si es que la hay, de que son malas, malo es el adulterio, la fornicación, la homosexualidad, el lesbianismo, bestialismo, y todas aquellas prácticas inmencionables que son contrarias al diseño que Dios estableció en su palabra para el matrimonio, en Génesis 1:27; Dios creó al hombre a imagen Suya, a imagen de Dios lo creó; varón y hembra los creó; Desde ahí se refleja la voluntad de Dios para el diseño del matrimonio.

Las relaciones sexuales son parte de la voluntad de Dios y del diseño original del matrimonio, y por supuesto, deben de practicarse dentro del matrimonio, lo que sí sería un gran consejo a mencionar es que tanto el hombre como la mujer aprendan, dentro de sus posibilidades, a satisfacer a su pareja sexualmente.

Las relaciones sexuales son para que ambos disfruten y no solo uno, así que es tarea de los dos preguntar a su pareja lo que le gusta y también lo que no, y procurar que sean satisfechos, para así poder tener tiempos de intimidad bonitos, que refuercen su relación matrimonial y no lo contrario.

6- Sean fieles

Ustedes han oído que se dijo: "No cometas adulterio". Pero yo les digo que cualquiera que mira a una mujer y la codicia ya ha cometido adulterio con ella en el corazón (Mateo 5:27-28). La fidelidad es en cuerpo y mente, hay que tener cuidado de este pecado, el cual es la causa número uno de divorcios mundialmente, la masturbación y la pornografía que muchas veces van de la mano, también entran en esta categoría, el coqueteo también, todo esto afecta terriblemente al matrimonio. Todo esto nace de una mente oprimida, estructuras mentales equivocadas, y algunas veces, trastornos y traumas, hay que pedir a Dios liberación, y vivir honestamente esforzándose por la santidad sexual, que primero es para con Dios y luego tu pareja.

7- Finanzas sanas

El hombre debe proveer para su esposa, cuidarla y protégela. El apóstol también le dice a los esposos que del mismo modo en que cuidan de su propio cuerpo (Efesios 5:28-33) Así mismo deben cuidar de sus esposas, y también dice: Porque si alguno no provee para los suyos, y mayormente para los de su casa, ha negado la fe, y es peor que un incrédulo (1 Timoteo 5:8).

No quiere decir que la mujer no pueda apoyar financieramente el hogar, porque en el libro de Proverbios 31:18, este versículo se refiere a la mujer en cuanto a las finanzas, y dice: Ve que van bien sus negocios; su lámpara no se apaga de noche. Sin embargo hay que destacar que la mujer no debe ser la fuente financiera principal, sino el varón, porque la mujer tiene otra tarea importante dentro del hogar; No solo con la casa sino también con la crianza cristiana, y velar por la educación de sus hijos.

Mi cónyuge no es cristiano

Puede pasar si viniste a Cristo en matrimonio pero tu pareja no, o en el caso de ser cristiano y casarse con alguien que no lo es. En algunas ocasiones esto es un problema muy grave, porque el cónyuge no cristiano no entiende por qué su pareja ama tanto a Dios, y es capaz de hacer tantas cosas por él, esto también lo hace sentir excluido, porque como sus emociones y sentimientos tienen otra estructura, se sienten confrontados y quisieran estar posicionados en un lugar más prominente en el corazón de su pareja, la palabra de Dios en 1 Corintios 7-16, nos enseña lo siguiente para estos casos; Cuando estamos en Cristo santificamos a nuestra pareja, y la biblia nos enseña que mientras tu pareja quiera vivir contigo debes permanecer junto con él o ella, además hay una bendición extra porque sus hijos también son santificados, sin embargo el cristiano no debe forzar al esposo o esposa no creyente a permanecer en matrimonio, sino que debe ser por interés propio. Lo que sí debe hacer el cónyuge cristiano es darle testimonio de una verdadera vida en Cristo a su pareja, predicarle y tratar de enseñarle la palabra de Dios con amor, y conquistar el alma de su esposa o esposo para Cristo.

Todos estos aspectos de la voluntad de Dios para el matrimonio son muy importantes y de gran bendición cuando aprendemos a practicarlos con sinceridad, el matrimonio es un equipo, y debe haber un esfuerzo en conjunto para poder llevarlo a flote y desarrollarlo conforme a la voluntad de Dios, si ponemos a Dios en el medio de nuestras vidas siempre será posible vivir un matrimonio agradable y de éxito. Un buen matrimonio se logra trabajando en equipo, ambos deben poner de su parte con el fin de obtener victoria. Nunca habrá un matrimonio perfecto, pero sí puede haber un matrimonio feliz.

Oración de Dirección Divina.

Padre mío, alabo tu grandeza, gracias por enseñarme sobre tu voluntad en el matrimonio, ayúdame a que esto sea revelado a mi vida, enséñame como vivirlo, y poder recibir la revelación de uno conforme a tu voluntad, perdóname si me he equivocado, en mente o cuerpo, quiero vivir para ti. En el nombre de Jesús, ¡Amén!

DÍA 6
La voluntad de Dios para los Hijos.

Honra a tu padre y a tu madre, como Jehová tu Dios te ha mandado, para que sean prolongados tus días, y para que te vaya bien sobre la tierra que Jehová tu Dios te da. Deuteronomio 5:16.

Por causa de que vivimos en los últimos tiempos, la manera en la que las personas ven a sus padres ha cambiado demasiado, cada vez es más difícil entendernos y apreciarnos entre generaciones, la televisión y redes sociales, son medios muy poderosos, pero su influencia positiva sobre nosotros depende de como los usamos, es decir, que buscamos en ellos, sí se puede encontrar buen contenido, gracias a que hay muchos hombres y mujeres de Dios que se han dedicado a predicar el evangelio a través de ellos, pero lamentablemente las redes están también plagadas de ideologías contrarias a la palabra de Dios; La moda, El modo mundano, la música, etcétera... influyen ya sea sutil o directamente en todas las áreas de nuestra vida, y por supuesto no se escapa como esto contamina a la familia, por lo mismo hay que tener cuidado con su uso, y lo que vemos en ella, Ya que nos pueden influenciar de una manera negativa, todos estos medios están también en las manos del enemigo, y sus propósitos son oscuros.

La voluntad de Dios para los hijos

Así como no hay un ser humano perfecto, solo Dios, tampoco hay un hijo perfecto solo Jesucristo, sin embargo podemos alcanzar un excelente modo de ser hacia nuestros padres, sin embargo hay que entender que no vamos a hacer lo que no sabemos, para conocer lo que Dios desea para la familia, necesitamos aprender lo que dice su palabra, A continuación desarrollaremos los puntos más importantes de la relación de los hijos hacia los padres.

#1 Que los hijos honren a sus padres y/o tutores.

Honra a tu padre y a tu madre, que es el primer mandamiento con promesa; para que te vaya bien, y seas de larga vida sobre la tierra (Efesios 6:2-4) La honra es realizar un acto público de respeto, admiración y estima hacia una persona, y no importando que tan conflictiva sea o haya sido la relación con tus padres, es de suma importancia honrarles, de hecho esto puede sanar tanto tu corazón, como el suyo, y puede abrir las puertas para iniciar de nuevo, pero con un mejor comienzo. Entre los actos de honra se incluye:

El comportamiento y actitud hacia tus padres: Es decir, la manera en la que te expresas y opinas sobre ellos, tanto en el tiempo cuando no están, y también con ellos presente; De suma importancia excluir el sarcasmo, la burla, comentarios hirientes, el doble sentido, la queja, voz golpeada o agresiva, el desprecio, la acusación, la desconfianza, negatividad y pesimismo, esto debe detenerse total e inmediatamente, nada de eso ayudará a fortalecer la relación si no que la deteriorará cada vez más, puede llegar a un punto que solo un milagro de liberación y sanidad interior de Dios pueda restaurarla. Las expresiones de cariño como el contacto físico, un abrazo, o un beso en la frente, no deben faltar, son muestras de amor y aprecio, y hay que aprender a brindarlas. Debes tener una actitud de respeto, honra y amor, porque es la manera en la que el Señor nos pide en su palabra que lo hagamos, y como cristianos que somos debemos obedecer, esto es tanto con nuestros padres naturales y/o en dado caso, nuestros tutores, de no haber sido criado por los padres naturales, o de tener también alguien que estuvo allí aparte de ellos.

Los actos de servicio: Obediencia mientras vivas en la casa de tus padres, cuidado, apoyo financiero, obsequios dentro de tus posibilidades financieras, pero no puede ser que nunca puedas.

Recordar conmemorar momentos importantes como cumpleaños, aniversarios, e incluirlos en la lista de invitados a las festividades que organices, todo esto mientras sea posible invitarles, y tenerlos presentes.

Sobrellevar su personalidad. Todos tenemos diferentes gustos y maneras, reaccionamos diferentes a las distintas situaciones, ya que analizamos la vida conforme a nuestro propio consciente, por lo mismo cada quién es distinto, desafortunadamente, existen comportamientos que nos resultan desagradables, incluso algunos que son universalmente condenables. Sin embargo, esto no justifica tratar mal a los demás. La enseñanza de la palabra de Dios nos indica claramente que: Si es posible, en cuanto dependa de vosotros, estad en paz con todos los hombres. (Romanos 12:18), mientras sea de parte nuestra, que no haya excusa, y tu conciencia libre de culpa es lo más apreciable.

Visitarlos y hablar regularmente con ellos.

Y por supuesto no puede faltar **Orar por ellos.**

Hay muchas otras formas de expresar honra, pero la mejor será siempre; La que más prefieran tus padres, porque de nada nos sirve honrarlos a nuestro modo solamente, cuando ellos prefieren tal vez algo distinto, aquí lo importante es que ellos se sientan honrados, y si tú puedes hacerlo, es tu deber; Al que sabe hacer lo bueno, y no lo hace, le es pecado (Santiago 4:17).

#2 Es voluntad de Dios que los hijos entiendan sus limitaciones, y aprecien el consejo sabio de sus padres.

Es algo natural que en algún momento de la vida de todo joven quiera ser independiente y tomar sus propias decisiones de hacia donde llevar su vida, Es algo bueno, y normal, Sin embargo, hay que ser consientes de que en la juventud hay veces que sobra el ímpetu, pero con sinceridad falta la experiencia y la sabiduría, por lo mismo hay que reconocer que se puede ser falibles, es decir, que es más fácil que fallemos, los buenos padres aman y quieren lo mejor para sus hijos, han visto más que tú a otras personas fallar, han fallado más que tú también, y por amor a sus hijos no desean que vivan lo mismo, entonces hay que apreciar su opinión y consejo, escucharlos y junto con su sabiduría armar una mejor estrategia para nosotros mismos, ya que ellos tienen muchas cosas que te faltan, como la madurez y experiencia, y es posible que tomar el consejo te ahorrará dolores y errores.

#3 Que perdonemos a nuestros padres.

El perdón es una de las más grandes expresiones de amor que alguien pueda manifestar, solo alguien que conoce verdaderamente a Dios puede hacerlo (1 Juan 4:8). Nadie es perfecto, y en alguno o varios momentos de nuestra vida se dará la ocasión en que seamos víctimas del pecado ajeno, hay cosas terribles que son difíciles de perdonar, porque causaron grandes heridas en nosotros, y por supuesto, una gran herida no sana tan rápidamente, y es imposible que podamos lograrlo sin agarrarnos de la mano del Espíritu Santo, son temas delicados, ya que recibir daño de la persona que debió mostrarte el más sincero amor es difícil de sobrellevar, pero recuerda que Cristo murió por aquellos que lo crucificaron, y lo hizo por amor orando por sus asesinos diciendo: Padre perdónalos, porque no saben lo que hacen (Lucas 23:34A). Nuestro maestro nos mostró que sí se podía amar a quién te está haciendo daño, Él no oro después, sino en el mismo momento en el que Él estaba siendo lastimado, Él mostró el amor orando por ellos, y murió en la cruz para darles la oportunidad de recibir la salvación y vida eterna. Así mismo nosotros debemos perdonar para ser hijos de nuestro Padre celestial: Pero yo os digo: Amad a vuestros enemigos, bendecid a los que os maldicen, haced bien a los que os aborrecen, y orad por los que os ultrajan y os persiguen; para que seáis hijos de vuestro Padre que está en los cielos, que hace salir su sol sobre malos y buenos, y hace llover sobre justos e injustos (Mateo 5:44-45).

#4 Los Tutores

La paternidad no es necesariamente cuestión de genética, sino del cuidado y responsabilidad que alguien tubo por nosotros, cuando éramos indefensos e inexpertos. Delante de las canas te levantarás, y honrarás el rostro del anciano, y de tu Dios tendrás temor. Yo Jehová. (Levítico 19:32). No debemos olvidar que ellos en algún momento nos amaron, cuidando y proveyendo para nuestras necesidades desde nuestra niñez. De igual forma como a un padre carnal a los tutores también les debemos todo cuanto somos. Por esto, y como respuesta a su amor, les debemos la misma honra; Respeto y consideración. Y si los honramos, si somos agradecidos y considerados con ellos, Dios nos honrará a nosotros también con bendiciones.

La voluntad de Dios para los hijos se manifiesta a través de la honra hacia los padres, el entendimiento de sus limitaciones y la apreciación de su consejo sabio. Además, se nos exhorta a perdonar a nuestros padres, reconociendo que nadie es perfecto y que el perdón es una expresión de amor y gracia. La importancia de los tutores también se destaca, ya que, independientemente de la genética, su cuidado y responsabilidad en nuestra crianza merecen nuestro respeto y consideración. En estos tiempos en que la influencia externa puede distorsionar la comprensión de las relaciones familiares, es crucial volver a la palabra de Dios para encontrar el camino hacia una relación saludable y centrada en el amor y la honra mutuos.

Debemos aprender a ser buenos hijos, todo cristiano verdadero sabe ser un buen hijo así como lo es Jesús, aprendamos de Él, y seamos de ejemplo a esta sociedad en decadencia, marquemos la diferencia, seamos la sal.

Oración de Compromiso.

Bendito Dios y Padre celestial, nadie es mejor padre que tú, y Jesucristo tu hijo, es el hijo perfecto, me comprometo a aprender a ser un hijo como Él, enséñame a cambiar todo lo incorrecto, a olvidar y perdonar, a ser ejemplo e inspiración, estoy dispuesto a mejorar, que tu Espíritu Santo me ayude. En el nombre de Jesús, ¡Amén!.

DÍA 7
La voluntad de Dios para los Padres.

He aquí, herencia de Jehová son los hijos; Cosa de estima el fruto del vientre. Salmos 127:3.

Es una gran bendición y un privilegio que Dios le conceda a alguien el permiso de tener hijos, lamentablemente hoy en día son muchos los que no lo ven de esta manera; A igual proporción de como los matrimonios han ido en decadencia, la crianza y la educación cristiana de los hijos también ha ido en declive, de hecho es un resultado de..., lamentablemente en las últimas décadas la familia ha sido fuertemente bombardeada, y se han ido destruyendo los pilares que la mantenían erguida, muy pocos matrimonios son los que han sobrevivido, y la mayoría con grandes heridas, y por consiguiente la relación padres e hijos es bastante distinta a la de antaño.

Es nuestro deber como cristianos aferrarnos al modelo Bíblico, de respeto, cuidado, honra, honor y amor, para enfocarnos conscientemente en edificar las familias, de esta manera poder disfrutar de una vida cristiana genuina, y poder ser luz en medio de las tinieblas.

La voluntad de Dios sobre los padres

#1 Que los padres sean responsables y comprometidos.

Porque si alguno no provee para los suyos, y mayormente para los de su casa, ha negado la fe, y es peor que un incrédulo (1 Timoteo 5:8) Es total y absoluta responsabilidad de los padres de sostener el hogar, y la tarea de las finanzas debe reposar mayormente sobre el hombre y líder del hogar.

No todos gozamos de una libertad financiera, pero dentro de las posibilidades, nunca debe faltar alimento, y necesidades básicas; Como vestimenta, un lugar donde vivir para sus hijos y educación, el hombre debe ser esforzado y valiente, y sin excusas buscar las finanzas para proveer para su hogar, por lo menos, todo lo esencial, cabe mencionar que según como sea la situación económica actual, por supuesto que la mujer puede apoyar con las finanzas del hogar, sin embargo su mayor responsabilidad es criar, educar y ser la responsable de mantener un buen ambiente físico y espiritual familiar, que su hogar sea un refugio de paz, armonía, amor y compañerismo; En equipo por supuesto de su esposo. Pero si le es necesario a la mujer participar de la provisión financiera, nunca dudará en ser parte, sin que esto le impida cuidar su rol principal.

Si tus hijos no viven contigo por alguna u otra razón, seas hombre o mujer, aun así es ampliamente tu responsabilidad de proveer por ellos, hacerles llegar tu aportación para su crianza y desarrollo, y ellos deben estar consientes de que estas al tanto de suplirles.

Este compromiso y responsabilidad financiero no es eterno, ya que los hijos deben ser educados para que en algún momento de su juventud adulta sean independientes, y formen sus propios hogares, donde ahí sí, ellos serán responsables totalmente, mientras tanto, si los padres consideran necesario, los hijos deben apoyar en el hogar desde el primer momento en el que tengan ingresos financieros, ya que es la manera correcta en que deben funcionar las familias, y cualquier casa que está ordenada, los hijos deben mostrar agradecimiento por haber sido criados, y apoyar la casa, por supuesto que su apoyo es solo en parte, no para mantener el hogar, aunque a veces se dan los casos en que la familia dependa de los hijos, si se dan situaciones especiales como la enfermedad, por lo demás los hijos deben poder tener cierto grado de fluidez financiera, y no quedarse sin nada de finanzas ahorradas, ya que ¿Cómo podrán reunir para que en algún momento puedan llegar a independizarse?.

#2 Que los padres sean considerados con sus hijos.

Es fácil olvidar que alguna vez también fuimos jóvenes y de repente no sentir empatía por nuestros hijos, ni esforzarse por comprender los procesos por los que ellos están pasando.

Cuando el Apóstol Pablo nos está invitando a no provocar a ira a nuestros hijos (Efesios 6:4), nos está haciendo un llamado a la empatía y consideración de los sentimientos y emociones de ellos. Trata de recordar tu época de juventud, esto te ayudará a no tomar personal los errores de tus hijos, a comprender que solo es una etapa en su vida, esto te dará paciencia, amor y esperanza para no darte por vencido con ellos cuando tal vez lleguen pruebas duras. Es cierto que los hijos deben obediencia a sus padres, pero no debe ser una excusa para asumir una actitud intransigente, de negación, hostilidad, y regaños sin propósito hacia ellos. La obediencia que Dios desea se fundamenta en la confianza y el amor, no en el uso de la intimidación, miedo o amenazas.

Por eso es importante expresar y explicar a tus hijos tus decisiones u ordenanzas, aunque ellos no las puedan entender muy bien en ese momento, están fundamentadas en tu amor por ellos, y que procuras su bienestar, y educación, o crianza. Mantener siempre buena comunicación, e incluso mantente abierto a la negociación.

No tomes decisiones, ni niegues sus solicitudes sin explicarles tus razones, ellos aprenden y ceden más sabiendo el por qué, a que simplemente des una orden. Eso no solo hará que la confianza crezca y fortalecerá la relación, sino que preparará a tus hijos para su independencia, y para ser unos buenos futuros padres y/o líderes.

#3 Que expresen cariño, tanto físico como verbal.

De la misma manera en que tus hijos deben honrarte y expresar cariño hacia ti, tanto en su trato, como físicamente, con respeto y orden, así también tú lo debes hacer, nunca hacer comentarios hirientes, ni ofensas, solo críticas constructivas en el momento y tono correcto, aprender a platicar con ellos, y halagar sus victorias, no avergonzarlos frente a otros, y escuchar sus quejas también es muy importante, ya que es posible que si haya cosas que mejorar.

#4 Que los padres sean padres espirituales.

La responsabilidad y compromiso de los padres no solo es con la provisión financiera y crianza natural, sino también con ser de inspiración sobre la vida cristiana y la crianza espiritual; Los padres son responsables de enseñarles a sus hijos, no solo con palabras, sino con el ejemplo, la verdadera vida cristiana.

Orar por y con ellos, hablarles y enseñarles todo lo que sabemos sobre Dios, enseñarles las ordenanzas de la Biblia, a tener fe, santidad y a aprender a tener una vida devocional constante, a congregarse, a diezmar, ofrendar, servir como voluntarios para la obra de Dios, el compañerismo cristiano, agradecer, alabar y adorar a Dios, nuestra mejor enseñanza siempre será el ejemplo.

Dudas, conflictos o dificultades

Debemos sentarnos como familia, orar y platicar con amor para llegar a una solución, también a la luz de la palabra de Dios, estudiando para buscar en conjunto con ella la decisión que beneficie a la unidad y armonía de todo el hogar.

Muchos dicen que la generación de hoy es la generación de la sensibilidad, y de la debilidad, "La generación de cristal", pero yo pienso que es todo lo contrario, la gente es más dura e insensible que nunca, debemos como cristianos romper este ambiente negativo y hostil, donde la gente solo piensa en sí mismo y en sus propios sentimientos, anhelos, deseos y sueños, y comencemos una vez más a pensar en equipo, en familia y preocuparnos por los demás. La relación entre padres e hijos es una de las más importantes en nuestra vida. Por eso hay que cuidar de ella, y desarrollarla de forma saludable es fundamental. Está claro que siempre hay espacio para mejorar en ambos lados de la moneda, tanto padres como hijos.

Oración de Dirección Divina

Bendito Dios y Padre celestial, tú eres el padre perfecto, nadie es como tú, enséñame a ser como tú, enséñame a cambiar todo lo incorrecto, enséñame a olvidar y perdonar, enséñame a ser de ejemplo e inspiración, estoy dispuesto a mejorar, que tu Espíritu Santo me ayude, confío que si me has permitido vivir lo que estoy viviendo es porque puedo sobrellevarlo, y en ti ya tengo la victoria, te doy gracias. En el nombre de Jesús, ¡Amén!

Tercera parte

Servir bajo la voluntad de Dios

DÍA 8
Mis Dones Espirituales

Y estando juntos, les mandó que no se fueran de Jerusalén, sino que esperasen la promesa del Padre, la cual, les dijo, oísteis de mí. Hechos 1:4

Es la voluntad de Dios que todos sus hijos sean portadores del poder del Espíritu Santo, y puedan tener el gozo de poder ser usados para bendición de otros. Para entender que son los dones y como poder manifestarlos es importante aprender sobre ellos. Los cristianos celebramos cada año en el día de Pentecostés la venida del Espíritu Santo sobre la iglesia primitiva, este hecho tuvo lugar, según la Biblia, el quincuagésimo día después de la Resurrección de Jesucristo. Este momento glorioso inició de lo que llamamos el ministerio del Espíritu Santo, Para los Israelitas, el Pentecostés supone la celebración de la entrega de la Ley a Moisés en el monte Sinaí, cincuenta días después del éxodo, Antiguo pacto, La ley, Para los cristianos, es la conmemoración del descenso del Espíritu Santo sobre los Apóstoles de Jesucristo, que marca el nacimiento de la Iglesia, el nuevo pacto, la gracia. Para cada uno de nosotros que venimos a Cristo, experimentar el pentecostés es una experiencia personal, y no es necesario que coincida con ninguna fecha del calendario, pero si con un corazón apasionado, que anhele tener un vínculo más estrecho y comprometido con el Espíritu Santo.

Cristo es nuestra pascua y el Espíritu Santo es el sello de Dios del nuevo pacto (Efesios 1:13-14).

¿Cuáles son los dones del Espíritu Santo?

En Romanos 12:4 y 5 y 1 Corintios 12 podemos encontrar una excelente enseñanza por parte del Apóstol Pablo sobre los dones espirituales, me di a la tarea de identificarlos uno a uno e hice la siguiente lista: Profecía, Servicio, Enseñanza, Aliento, Dadivosidad, Presidir (Liderazgo), Misericordia, Palabra de sabiduría, Palabra de conocimiento, Fe, Dones de Sanidades, Poderes milagrosos, Discernimiento de espíritus, Hablar en lenguas.

Cabe destacar que Pablo menciona que hay que pedir los mejores dones espirituales (1 Corintios 12:31) pero también dice que es Dios quién decide cuáles darnos, lo hace según la medida de nuestra fe (Romanos 12:6).

La diferencia entre recibir y ser llenos

Antes de continuar es importante saber lo siguiente: Recibir al Espíritu Santo es distinto a ser llenos del Espíritu Santo, recibimos al Espíritu Santo cuando creemos en lo que Jesús hizo por nosotros, y lo aceptamos como nuestro único y suficiente salvador, por eso Jesús soplo sobre sus discípulos este suceso está registrado en el evangelio según San Juan 20:22; Jesús hizo esto porque ellos aún no le habían visto, en ese momento que Él se les presentó, creyeron en Él, porque lo estaban viendo con sus propios ojos, y el Espíritu Santo fue impartido por Jesús a ellos con un soplo (Espíritu Santo que en hebreo es Ruah Hakodesh, soplo de Dios, porque la palabra Espíritu en hebreo es soplo o aliento) Pero nosotros somos más bienaventurados que ellos, ya que hemos creído sin incluso haber visto (Juan 20:29) ¡Aleluya!.

¿Cómo se manifiestan los dones del Espíritu?

Cabe destacar que no hay inscripciones oficiales para un curso especial para recibir los dones del Espíritu Santo, la palabra don significa "regalo", son regalos por parte de Dios y Él es quién decide a quién, cuando, y donde concederlos. Ahora hay unas cuantas verdades

Bíblicas las cuales son importantes destacar antes de pensar en tener dones espirituales:

1- Primero tener la llenura del Espíritu Santo:

Para poder aprender sobre los dones espirituales, primero debemos comprender que sin la llenura del Espíritu Santo sería imposible que se pudieran manifestarse los dones del Espíritu a través de nosotros, ya que la manifestación de cualquier don espiritual, es la manifestación del poder de Dios para edificación de la iglesia, y predicación del evangelio por el poder del Espíritu Santo a través de nosotros. (Romanos 12:4 y 5 y Hechos 1:8) Por lo tanto nunca pudiéramos servir espiritualmente a Dios sin los dones, aunque cabe destacar que son un complemento para la obra de Dios.

Pero recibiréis poder, cuando haya venido sobre vosotros el Espíritu Santo, y me seréis testigos en Jerusalén, en toda Judea, en Samaria, y hasta lo último de la tierra (Hechos 1:8). No podemos trabajar para Dios sin tener poder, porque estaríamos realizando obras, pero estas carecerían de autoridad y respaldo divino, además que no serían espirituales sino que naturales.

Precisamente la palabra poder en griego es la palabra Dunamis, esto implica: Fuerza, específicamente poder milagroso, que es de donde viene la palabra dinamita, esto implica que esta fuerza, es una fuerza activa, no estática, sino en potencia, en movimiento, y es impactante.

Es imposible que alguien diga que está lleno del Espíritu Santo y que no está haciendo algo que es sorprendente e impresionante para el Reino de Dios.

2- La llenura no es para emociones:

Sino para obediencia, los que buscan emociones son los espiritistas, los brujos, los ocultistas, los emocionalistas, la Biblia los describe como los sensuales, los que no tienen al Espíritu Santo; Pero vosotros, amados, tened memoria de las palabras que antes fueron dichas por los apóstoles de nuestro Señor Jesucristo; los que os decían: En el postrer tiempo habrá burladores, que andarán según sus malvados deseos. Estos son los que causan divisiones; los sensuales, que no tienen al Espíritu (Judas 1:17-19); Él no dice que no tienen la llenura del Espíritu Santo, sino que dice, no tienen al Espíritu, con E mayúscula, es decir aquellos que aún no han creído en Jesús verdaderamente.

Este tipo de personas solo buscan emociones, pero no buscan obedecer a la voluntad de Dios. Es importante mencionar que la llenura del Espíritu Santo no es para vanagloria, sino que es para manifestar una vida verdaderamente cristiana, ...Y me seréis testigos en Jerusalén, en toda Judea, en Samaria, y hasta lo último de la tierra (Hechos 1:8B) y para edificar a la iglesia, perfeccionando a los santos para la obra (Efesios 4:11-15). A quienes el Espíritu Santo ya les ha dado dones, tienen la responsabilidad de ser de ejemplo, no solo edificar con el don, sino con el buen testimonio.

¿Cómo recibir la llenura del Espíritu Santo?

Vamos a analizar la primera vez que descendió el Espíritu Santo sobre los discípulos y de esta manera identificar algunas verdades que nos ayuden a entender en que condición debemos estar para que haciendo la voluntad de Dios, podamos ser candidatos para recibir la llenura del Espíritu Santo, y así se manifiesten los dones del Espíritu en nuestra vida: Cuando llegó el día de Pentecostés, estaban todos unánimes juntos. Y de repente..., si vamos interpretando lo que sucedió, sale a la luz una lista de características especiales que tenían los que estuvieron reunidos y recibieron la promesa:

1- Fe con obediencia: Los discípulos obedecieron el mandato de Jesús de esperar por el derramamiento del Espíritu Santo, y esto fue en fe. Lo hicieron no a su manera, sino a la de Cristo.

2- Unidad: Estaban unidos; Tanto en presencia como en espíritu. Sus propósitos no eran egoístas, sino que entendían que lo que estaban esperando era para favorecer a la iglesia y de esta forma expandir el reino de Dios efectivamente.

3- Oración: Anhelaban ser revestidos del poder de Dios, y se mantuvieron en oración, pidiendo que viniera sobre ellos el Espíritu

Santo y santificándose, esto no solo habla de la paciencia, sino que también implica santidad, despojarse del viejo hombre y revestirse de Cristo.

Hay que mantener la llenura del Espíritu.

Por lo cual te aconsejo que *avives el fuego del don de Dios* que está en ti por la imposición de mis manos. Porque no nos ha dado Dios espíritu de cobardía, sino de poder, de amor y de dominio propio. 2 Timoteo 1:6-14. Pablo le escribe a su discípulo Timoteo para animarlo a avivar el don que *ya estaba en él*, si analizamos la carta completa podemos descubrir que Timoteo se dedicaba a pastorear almas, y muy probablemente le había enviado anteriormente una carta a Pablo hablándoles sobre su condición, Pablo estaba respondiendo, probablemente Timoteo le contó sobre su desánimo espiritual, tal vez caída emocional o psicológica, y había menguado en su fuego espiritual, Pablo le responde confrontándolo, y también lo guía sobre como debe hacer para poder seguir adelante en su ministerio, que ya sabemos nosotros, no se puede desarrollar sin la ayuda indispensable del Espíritu Santo.

La llenura se puede perder, o menguar, la llenura es ese fuego en el altar que no debe apagarse, y es responsabilidad del sacerdote, es decir, nosotros mismos, mantener ese fuego encendido, es responsabilidad personal de cada uno de nosotros permanecer encendidos en el Espíritu Santo.

¿Como mantener la llenura del Espíritu Santo?

Para saber como se mantiene, vamos a entender por qué se pierde: Por lo cual te aconsejo que avives el fuego del don de Dios que está en ti por la imposición de mis manos. Porque no nos ha dado Dios espíritu de cobardía, sino de poder, de amor y de dominio propio (2 Timoteo 1:6-14), A través de estos versículos podemos descubrir varios de los puntos clave:

1- Menguamos en la llenura cuando somos cobardes (Temor, miedo, inseguridad, falta de fe)

Al permitirnos ser manipulados por nuestros sentimientos iremos en contra de la naturaleza de Dios, de manera que contristamos al Espíritu Santo, porque en lugar de demostrar seguridad y fe en Él, con esto hacemos lo contrario. De esta manera no hacemos nada con los dones que Dios nos ha dado. Porque claramente Pablo le da la orden a Timoteo de que avive el fuego en él, nadie lo avivará sino el mismo, él tiene que practicar y desarrollar los dones. (Jeremías 17:9-10)

3- Menguamos cuando no hay amor

Primero a Dios, a su obra, a los hermanos en la fe y a los perdidos, por supuesto, ya que los dones no son para provecho personal, sino para bendecir a otros. (1 Juan 4:8)

4- Menguamos cuando no hay dominio propio

Y vivimos en la carne, porque ya no reina Cristo sino nosotros y nuestra carne, la cual no quiere hacer nada para Dios. (Gálatas 5:17)

5- Menguamos cuando estamos en desorden

Fuera de sujeción espiritual, ya que Dios no hace compañerismo con los rebeldes. (1 Samuel 15) Esto es todo lo contrario a alguien que tiene la llenura del Espíritu Santo: Que es alguien valiente, activo en la obra de Dios, ejerce los dones espirituales que Dios le concedió, está en orden y sujeción, es obediente, ama a Dios, su obra, y a los perdidos, alguien que vive en el Espíritu y no satisface los deseos de la carne.

Requisitos para pedir la llenura:

1- Haber recibido a Cristo en nuestro corazón.

2- Comprometido esforzarse por vivir una vida piadosa y justa.

3- Ha decidido adorar solo a Dios y vivir bajo su voluntad.

4- Esperar el tiempo de Dios.

Es indispensable la llenura del Espíritu Santo para poder cumplir la voluntad de Dios, ya que sin ella no podríamos ser usados por Dios para que los dones del Espíritu Santo se puedan manifestar a través de nosotros, todo cristiano verdadero luego de saber esto se dedica

a buscarla, con el único objetivo de ser activo en la obra de Dios eficazmente, no te desesperes, por qué así como pasó con los discípulos y apóstoles, también es posible que tengamos que esperar, y todo al tiempo de Dios es perfecto, Dios de hecho usará esta misma espera para trabajar contigo y formarte.

Oración de Compromiso

Mi Dios y Padre amado, gracias por enseñarme la importancia de trabajar para tu obra, y entender que sin tu Espíritu Santo no puedo, me comprometo a buscar y mantener la llenura de tu Espíritu, me comprometo a usar los dones que me des para edificar a tu iglesia, gracias por el privilegio de poder servirte, en el nombre de Jesús.
¡Amén!

DÍA 9

El llamado a predicar el Evangelio de Cristo

Porque muchos son llamados, y pocos los escogidos. Mateo 22:14

Dice la palabra de Dios que muchos son los llamados y pocos los escogidos, muchos son a los que Dios llama al servicio, pero pocos los que obedecen al llamado; Son incontables las veces que he presenciado el momento en el que Dios le habla a personas en las congregaciones y fuera de ellas, les expresa los propósitos que tiene para ellos, como quiere usarlos, y les promete respaldar su labor, y de la misma manera he notado que muy pocos son los que deciden creerle a Dios, e irónicamente a los que Dios más les da promesa, son a veces los que menos tienen la disposición de cumplir su llamado, tal vez por lo mismo Dios intenta animarlos más. Muchísimos inician, pero pocos terminan, fallan en la perseverancia, y tristemente abandonan su llamado. Estas son grandes problemáticas que tenemos en la obra de Dios, y provoca mucho estancamiento en las congregaciones, de hecho, a consecuencia de lo mismo muchas congregaciones han muerto; Tuvieron que cerrar sus puertas, ya que nadie quería hacerse cargo de ningún ministerio o labor, y por supuesto los pastores no pueden, ni deben hacer o involucrarse en todo, ya que somos miembros de un mismo cuerpo y cada quién tiene su función, y se supone que todos deben participar, somos un equipo, somos una familia (1 Corintios 12:12-31).

Es voluntad de Dios que todos sus hijos estén activos y que trabajen de alguna u otra manera en su obra, el propósito de la obra de Dios es edificar a la iglesia por medio de los dones y fruto del Espíritu Santo, para que a su vez podamos predicar el evangelio con poder, y así salvar a todos los que acepten a Cristo. Debemos asimilar el privilegio que tenemos de participar en esta honorable y noble labor, y decidirnos a ser participantes activos y efectivos de la obra de Dios. Se entiende que también hay personas que no pueden obedecer y seguir su llamado correctamente, no porque no quieran sino porque no entienden ni saben que es lo que Dios les pide, por eso es importante saber sobre lo que es el llamado de Dios a la obra y como podemos formar parte de las filas de soldados del ejército de salvación de Dios.

¿Qué es el llamado de Dios?

El llamado cristiano es un nombramiento y/o invitación que viene de Dios hacia nosotros sus hijos, con la finalidad de que podamos servirle de una manera específica para la expansión de su obra salvadora y trasformadora en la tierra. En Mateo 28:19-20 Jesús nos da la orden de ir y predicar la palabra en todo el mundo, bautizando y enseñando a guardar todo lo que Él nos ha mandado, este es el llamado de Dios a toda la iglesia, lo que llamamos la gran comisión, comisión porque es tarea de toda la iglesia ser parte de esta encomienda. Quienes hemos sido llamados a servir a Dios, tenemos la responsabilidad de llevar a cabo la tarea que se le ha sido asignada por obediencia, con amor y diligencia. (Romanos 10:14) dice: ¿Cómo, pues, invocarán a aquel en quien no han creído? ¿Y cómo creerán en aquel de quien no han oído? ¿Y cómo oirán sin haber quien les predique? Definitivamente es crucial que para que el mundo crea, haya personas que vayan y les hablen de Cristo, ya que la fe viene por el oír, y el oír por la palabra (Romanos 10:17).

¿Qué es la predicación del evangelio?

El evangelio es la mayor esperanza para la humanidad, etimológicamente la palabra evangelio significa "Buen mensaje" pero ¿Cuál es este buen mensaje? El buen mensaje del evangelio es la salvación y vida eterna a través de aceptar a Cristo como nuestro único y suficiente salvador, esto es más que una oración, más bien nos referimos a un cambio notable de dirección (Arrepentimiento) antes íbamos camino a la muerte eterna y ahora el cambio de mentalidad nos hace cambiar de dirección hacia la vida eterna; Reconocer que el pecado se había enseñoreado de nosotros y que por causa de lo mismo estábamos condenados a la muerte eterna, que solo a través del sacrificio del cordero inmolado, aquel que quita el pecado del mundo podemos reconciliarnos con Dios, la palabra de Dios dice en Romanos 6:23 Porque la paga del pecado es muerte, más la dádiva de Dios es vida eterna en Cristo Jesús Señor nuestro, al momento en el que venimos a Cristo recibimos el regalo de la salvación de la condenación, y el permiso de la entrada al reino de los cielos.

¿Cómo se debe predicar el evangelio?

Con base a lo que hemos explicado, presentaremos un argumento sobre la voluntad de Dios, un argumento poco común de sobre como es que Dios quiere que se predique el evangelio. Lamentablemente llego un momento donde la iglesia malinterpretó este concepto de predicar, no erraron al cien por ciento, pero la falta de revelación le resto poder a lo que si es en verdad; Predicar el evangelio no se reduce simplemente a proclamar en una esquina con un megáfono y gritar consignas como "¡Cristo viene!", "¡Arrepiéntanse!" Y similares. No estoy diciendo que esta práctica esté mal, al contrario, pero no constituye la totalidad de lo que la iglesia debe hacer para predicar el evangelio. Más bien, implica un conjunto de acciones que incluyen vivir una vida piadosa y demostrar una auténtica santidad en todas nuestras acciones y actitudes; Amor a Dios y al prójimo, ya que esto es lo más efectivo para predicar el evangelio, de nada nos vale pasarnos toda la vida gritando cosas a la gente del mundo que no las entiende, y al mismo tiempo con nuestro comportamiento gritar todo lo contrario. Debemos darle prioridad al testimonio de una verdadera vida cristiana, y comprender que la gente va a creer más lo que ve, y luego esto mismo que ven les dará el interés de escuchar lo que les puedes hablar.

La predicación es una vida

No todo el que me dice: Señor, Señor, entrará en el reino de los cielos, si no el que hace la voluntad de mi Padre que está en los cielos. Muchos me dirán en aquel día: Señor, Señor, ¿no profetizamos en tu nombre, y en tu nombre echamos fuera demonios, y en tu nombre hicimos muchos milagros? Y entonces les declararé: Nunca os conocí; apartaos de mí, hacedores de maldad. (Mateo 7:21-23). La verdadera predicación del evangelio es una vida santa; Aquí vemos como Jesús nos enseña que no basta con manifestar dones efectivos, sino que tener una verdadera relación con Él es la que marca la diferencia entre los que solo obran para Él, pero sin Él; Sin vivir una vida apartada en santidad y comunión con Dios, en contraste a los que hacen obras respaldadas por Dios, ya que tienen una cercanía a Jesús. Esto nos lleva a una conclusión respaldada a lo que se habla en este pasaje de la palabra: Porque el reino de Dios no es comida ni bebida, sino justicia, paz y gozo en el Espíritu Santo. Romanos 14:17, Cuando dice que no es comida ni bebida se refiere a que no se trata de prohibir, limitar o impedir que hacer y que no, a esto yo le llamo "Los no de la religión", sino capacitar a la iglesia de como se supone que debemos vivir, a esto yo le llamo "Los sí de Dios", es un llamado de Dios a la iglesia que la predicación del evangelio sea con nuestra vida, con lo que hacemos más que con lo que decimos, y debemos responder a este llamado con pasión y obediencia; En esto conocerán todos que sois mis discípulos, si tuviereis amor los unos con los otros (Juan 13:35), No hay mayor testimonio cristiano que cuando la gente nos ve, vea que nos amamos como hermanos en Cristo, que amamos primero a Dios y luego al prójimo.

Andando a la altura del propósito de Dios

Comenzando por ahí podemos ir descubriendo que el llamado de Dios no es como a veces pensamos, no se trata solo de alcanzar "grandes hazañas", "Salir a las naciones", "Llenar estadios", "logros personales" y etcétera, sino de amar tanto y verdaderamente a Dios para poder amar al prójimo, y reflejar el evangelio a través de nuestras vidas. El propósito del llamado que Dios nos hace no es para engrandecernos, sino para llevar su mensaje al mundo, salvar las almas y que Cristo, el único que la merece, se lleve toda la gloria. Yo pues, preso en el Señor, os ruego que andéis como es digno de la vocación con que fuisteis llamados, con toda humildad y mansedumbre, soportándoos con paciencia los unos a los otros en amor, solícitos en guardar la unidad del Espíritu en el vínculo de la paz (Efesios 4:1-3). Por supuesto que Dios nos ha seleccionado para grandes obras, pero debemos de andar dignamente como alguien que ha sido llamado por Dios en nuestros círculos cercanos, andar a la altura del propósito, para que seamos cristianos reales. Y verdaderamente salvar almas, e inspiremos a otros a servir a Cristo.

La predestinación del llamamiento cristiano

Los pensamientos de Dios son tan altos y sublimes, son perfectos y altamente misericordiosos, por lo mismo sus planes a veces no los entendemos, pero algo que podemos confirmar es que a Él no se le escapa nada. Cada uno de nosotros forma parte de un gran rompecabezas en su reino, y solo Dios conoce cada pieza y cuál es su posición correcta, por lo mismo Él se encargará de ordenarlo todo. No podemos menospreciar ninguna asignación por más sencilla que sea, ya que un rompecabezas nunca se completará si no están todas las piezas colocadas en su lugar correcto, de la misma manera nuestras vidas y la labor que hacemos para Dios no la debemos menospreciar, porque todos seremos remunerados de la misma forma, y con justicia recibiremos la recompensa personalizada de nuestro servicio.

Bíblicamente existen cinco ministerios por medio de los cuales el Espíritu Santo ministra; Equipando y capacitando a la iglesia para ser enviada a predicar el evangelio con poder, sobrenaturalidad y objetividad. Los cinco ministerios son los dones de Cristo, son el regalo que recibimos de Jesús; Efesios 4:10 dice: El que descendió, es el mismo que también subió por encima de todos los cielos para llenarlo todo. Y Él mismo constituyó a unos, apóstoles; a otros, profetas; a otros, evangelistas; a otros, pastores y maestros, a fin de perfeccionar a los santos para la obra del ministerio, para la edificación del cuerpo de Cristo, nuestro Señor Jesucristo operaba en los cinco ministerios, por lo mismo es Él que puede designar a cada uno de nosotros sobre a cuál ministerio vamos a dedicarnos, y Él decide esto depositando primero los dones según la medida de la fe (Romanos 12:6), y luego nos selecciona para algún ministerio en específico dependiendo de los dones que nos ha dado.

Es importante entender que el llamado de Dios a cada persona va ligado a la entrega personal y a la predestinación de Dios sobre ese individuo en particular, queda claro entonces que es algo único y específico para cada quién, y que no importando lo sencillo o complicado, anónimo o protagonista de lo que nos toque hacer, cada llamado es importante y trascendental dentro de la voluntad universal de Dios, y como Él nos asignó para ello, no debemos huir del llamamiento, sino valientemente aceptar el reto y glorificar a Dios por medio de la obediencia.

Oración de Compromiso

Padre bueno y santo, gracias por enseñarme la importancia de obedecer al llamado, enséñame a servirte cada día, quiero crecer espiritualmente para poder desarrollar todos los proyectos que tú quieras que yo realice, conforme a tu voluntad me comprometo a descubrir tu propósito específico para mí, y nunca detenerme hasta cumplir con lo que hayas asignado, dame las fuerzas para permanecer a pesar de las dificultades, En el nombre de Jesús, ¡Amén!

68

DÍA 10
Descubriendo mi llamado

Pues Dios nos salvó y nos llamó a una vida santa, no por nuestras propias obras, sino por su propia determinación y gracia. Nos concedió este favor en Cristo Jesús antes del comienzo del tiempo. 2 Timoteo 1:9

Es voluntad de Dios ir manifestándose en nuestra vida conforme a nuestro propio crecimiento y desarrollo espiritual, ya que Dios no nos exige más de lo que Él sabe que podemos lograr, como ya sabemos dependiendo de nuestra medida de fe es como Él puede usarnos, la fe va ligada a la seguridad, y si no estamos seguros de que Dios quiere que hagamos algo, nunca podremos manifestar una gran fe, por lo mismo debemos aprender a identificar que es lo que Él tiene en mente, para poder tener certeza de estar haciendo lo que a Él le agrada, hacerlo sin dudar y sin limitarnos por la duda. Aprendemos en 1 Corintios 12 que la iglesia es el cuerpo de Cristo, somos parte de Él, y Él ha decidido escoger personas específicas para cada función, primero las equipa y luego las designa a alguna labor en especial dentro de su cuerpo.

Los ministerios están intrincadamente ligados a los dones, ya que por obvias razones, según los dones que tengamos será el ministerio que vamos a ejercer. Pero cabe destacar que necesitamos identificar que lo que estamos o hemos decidido empezar a hacer en Dios no es una emoción, y que en realidad Dios quiere que nos dediquemos a algo en específico. Lo primero y más importante que debemos saber es que Dios desea que todos trabajemos en su obra, el Espíritu Santo esta al acceso de todos, y su llenura esta a nuestra disposición, si es que tenemos el valor de anhelarla y buscarla verdaderamente, Jesús les dijo: He aquí, yo enviaré la promesa de mi Padre sobre vosotros; pero quedaos vosotros en la ciudad de Jerusalén, hasta que seáis investidos de poder desde lo alto (Lucas 24:49); Es decir, Jesús nos hace ver aquí la importancia de ser llenos del Espíritu Santo primero, antes de ir a trabajar para la obra de Dios, el Espíritu Santo no se ha ido, Él es Dios y está listo para llenarnos y equiparnos para su obra.

¿Cómo saber cuál es tu llamado?

Dios nos revelará pública y personalmente su propósito específico para nosotros a través de un encuentro cercano con Dios, la respuesta viene como resultado de una búsqueda sincera en la presencia de Dios, y a veces como una advertencia divina a tomar el carril correcto.

El llamado de Dios siempre será para alcanzar almas y/o edificar a la iglesia, no para intereses personales, por lo tanto solo los de corazón puro para con la obra de Dios alcanzan el objetivo, a medida que vamos obedeciendo y envolviéndoos en la obra de Dios iremos descubriendo su voluntad. Cuando una persona verdaderamente ha sido escogida por Dios para algún designio en especial, hay algunas características que confirman esta elección de Dios, a continuación hablaremos de ellas:

Características del llamado de Dios

1. **Dios expresa claramente su voluntad:** En 1 de Corintios 14:13 dice que: Dios no es Dios de confusión, sino de paz. De esta manera podemos afirmar que cuando Dios se dirige hacia una persona para llamarlo a algún propósito específico, lo hace de tal manera que no haya dudas ni en su corazón, ni en su mente.

2. Dios no escoge gente preparada, Él prepara a los que escoge: Dios nos escoge por gracia para un objetivo específico, no hay nada que podamos lograr como pago para luego ser llamados, eso es algo que depende de la soberana voluntad de Dios, y solo dependiendo de sus planes eternos podríamos ser parte de algo que Él desee. Podemos ver tanto en la Biblia como en la actualidad, que Dios llama a muchas personas que a veces ni siquiera están firmes, pero les revela que desea usarlos con poder (Abraam, los apóstoles, Gedeón, etcétera...) Lo que tenemos claro es que Él desea usarnos a todos y cada uno, pero no por méritos propios, sino que es por su gracia, misericordia y amor que nos permite servirle.

3. Los planes de Dios no cambian: Cuando Dios te llama, no cambia de opinión, no es verdad que si Dios ha llamado a alguien, un año le dice que quiere que sea pastor, y al otro le dice que será evangelista, y a los tres meses después le dice que es profeta, y después dice que no quiere que hagas nada; Eso no es así, Dios es firme y constante, Él no cambia.

En Romanos 11:29 dice que los dones y el llamamiento de Dios son irrevocables. También dice en Números 23:19 que Dios no es hombre, para que mienta, Ni hijo de hombre para que se arrepienta. Él dijo, ¿y no hará? Habló, ¿y no lo ejecutará?, Aquí queda bien entendido que cuando Dios habla es claro, y cumple porque Él es fiel, no es voluble, no es de doble ánimo, ni inconstante, los hombres sí lo somos, pero Él no.

Entonces si tal vez has estado escuchando que Dios te dice que hagas una cosa y luego otra, pudiera ser que estás confundiendo tu voz o la voz de alguien más con la de Dios, no podemos querer abarcar tanto porque tal vez al final no apretemos bien. Y es mejor hacer una sola cosa pero hacerla bien, que diez cosas y hacerlas todas mal.

4. El llamado de Dios es en el momento preciso: Según Gálatas 4:4 Dios siempre llama a sus hijos en el tiempo preciso. Así como lo encontramos en la vida de Moisés, mientras que su llamado tardó 80 años en ser recibido, Juan el Bautista lo obtuvo desde antes de su nacimiento. No hay fórmulas ni diseños exactos, solo la verdad de que Dios llama en su momento especial.

5. Otros pueden reconocer tu llamado: Si hay aún dudas en ti, cuando Dios quiere revelarte el llamado que tiene especialmente para ti, Él utiliza a las personas que están a tu alrededor para que te confirmen que lo que estás haciendo esta muy bien. Es probable que sea Dios usándolos para indicarte cuál es su llamado para ti.

6. El llamado siempre será para desafiar tu fe: Dios es quien escoge nuestra labor y no nosotros. Ya que si nos dieran a escoger siempre sería lo más fácil y solo lo que disfrutamos más, No podemos querer hacer solo lo que nos gusta, y no quiere decir que solo lo que no nos gusta es el llamado de Dios, pero tampoco es lo contrario. Debemos luchar por lo que Dios ha escogido para nosotros, a veces será desafiante, como con Gedeón, no era que él no pudiese hacerlo, sino que él no sabía que podía, pero Dios sí, y así pasa también con nosotros, a veces pensamos que no tenemos la capacidad, pero si Dios te está llamando es porque Él puede ver más allá que tú, y sabe que lo puedes realizar.

7- El llamado es a la medida: Nuestra labor va siempre conforme a nuestra medida de fe y capacidad espiritual, Dios nunca te pedirá que hagas algo que no tienes los dones y/o talentos. Además Dios usa el llamado para revelar lo que hay dentro de nosotros, que tú piensas que no lo tienes, pero Él sabe que sí.

¿Quiénes alcanzan a cumplir con su llamado?

Para explicar esto nos auxiliaremos de la parábola de los dos hijos, que está en Mateo 21:28-32, donde Jesús ilustra a un padre que se acerca a sus hijos y les pide que trabajen en su viña; Él primero de los dos hijos le dijo que no, pero al final obedeció, el segundo le dijo que sí, pero no hizo nada, Jesús pregunta ¿Cuál de los dos hicieron la voluntad del padre? Obviamente el primero, a pesar de no ser perfecto, porque dijo primero que no y luego que si, al final sí obedeció.

Cabe destacar que los dos eran hijos, pero que solo uno estuvo dispuesto a negarse a sí mismo y trabajar para el Padre. Así mismo es en la obra de Dios, todos somos hijos, pero honestamente no todos estamos dispuestos a trabajar en la viña, ya que esto implica humildad, sacrificio, sufrimiento, esfuerzo, perseverancia, a veces dolor, ofrecer amor incondicional, tener una fe genuina, entre otras cosas más, pero también solo los que trabajen serán los que obtendrán el galardón de la recompensa; Hebreos 11:6 dice: Pero sin fe es imposible agradar a Dios; porque es necesario que el que se acerca a Dios crea que le hay, y que es galardonador de los que le buscan.

Él premia, sí, pero a los que le buscan, y los que le buscan son los que se involucran en la viña, los que trabajan en la obra, los que se niegan a sí mismos, los que lo buscan a Él antes que a sus propios intereses personales (Mateo 6:33).

Todos los esfuerzos que hacemos para Dios no son en vano. Porque incluso un vasito de agua que le demos a alguien pequeño en la obra de Dios, tan solo porque es de Cristo, de cierto no perderá su recompensa, dice Mateo 10:42, cuanto más obedecemos su llamado a pesar, y a través de tantas dificultades y esfuerzos, el galardón con seguridad está confirmado por Dios, y será en grande.

¿Por qué el segundo hijo terminó fallando?

Por culpa del desenfoque, Jesús dijo; Si me amáis, guardad mis mandamientos Juan 14:15, Pero no podemos profesar amor a Dios, y al mismo tiempo desobedecer, ignorar y/o menospreciar el llamado, obviamente algo ahí está mal, y muy mal, porque acercarse a Dios no solo implica creerle para salvación, sino también agradecerle compartiendo la bendición con otros, esto también tiene que ver con buscarle, y la búsqueda de Dios tiene que ver intrínsecamente con involucrarse en su obra.

Y extendiendo su mano hacia sus discípulos, dijo: He aquí mi madre y mis hermanos. Porque todo aquel que hace la voluntad de mi Padre que está en los cielos, ese es mi hermano, y hermana, y madre.

(Mateo 12:49-50) Esto nos lleva a la encrucijada de que hay dos clases de cristianos, los llamados y los escogidos; Los que ignoran el llamado, y los que obedecen y triunfan.

La desobediencia al llamado trae destrucción

Obedecer el llamado de Dios involucra la subsistencia de la obra de Dios, si nadie se interesa por obedecer el llamado de Dios a la predicación del evangelio, por consiguiente la obra terminará detenida, o dañada, y nuestro adversario el Diablo lo sabe, los demonios comandados por el Diablo invierten mucho de su tiempo en desanimar a los hombres y mujeres de Dios, y el primer pensamiento que bombardea a las mentes y corazones de los obreros y ministros es que abandonen sus puestos, y alejarse del trabajo de Dios, inmediatamente que llega un momento que algo que los desafía: Como tener amor, fe, paciencia, constancia, compromiso, invertir, crecer, etcétera...; A los demonios les encanta usar situaciones de prueba para tentarnos y hacernos fallar y alejarnos del propósito divino, así como aprovechó que el Espíritu Santo llevo a Jesús al desierto para ser probado, y en medio de esa prueba se acercó para hacerlo reprobar tentándolo, así mismo nosotros nos encontraremos con muchos retos en nuestro llamado para ser probados por Dios, con el propósito de hacernos crecer espiritualmente, pero al mismo tiempo aprovechará y vendrá el enemigo para querer desanimarnos, para que desistamos del llamado, y así destruir la obra de Dios que hacemos por medio de nuestras vidas.

La diferencia entre un llamado y un escogido

Los elegidos son aquellos que aceptan la voluntad de Dios, aquellos corazones imperfectos que menguan para que Cristo crezca, que a pesar de las dificultades confían plenamente que es su gracia la que nos sostiene.

Sabemos que nadie es más poderoso que Dios, y la obra es suya, Él siempre se encargará de escoger personas que Él sabe que desde el

fondo de su corazón estarán dispuestos a llegar firmes hasta el final de la jornada, a pesar de las caídas, resbalones y tropiezos no se detendrán, ahí está la clave; Pero nosotros no somos de los que retroceden para perdición, sino de los que tienen fe para preservación del alma. (Hebreos 10:39) "Un corazón dispuesto es el primer paso para encontrar la voluntad de Dios en nuestras vidas. No podemos esperar que Dios nos obligue o nos ruegue sobre el llamado en nuestras vidas". David Jeremiah.

Oración de Compromiso

Bendito y amado Padre celestial, gracias por darme la oportunidad de trabajar en tu obra, aunque no haya aún un llamado específico para mí yo seguiré siendo parte de los obreros de tu viña, y trabajaré con amor por ti, si en algún momento deseas que haga algo en particular, aquí estoy para servirte y darte toda mi vida para lograr tus propósitos, úsame donde tú quieras, en el nombre de Jesús, ¡Amén!

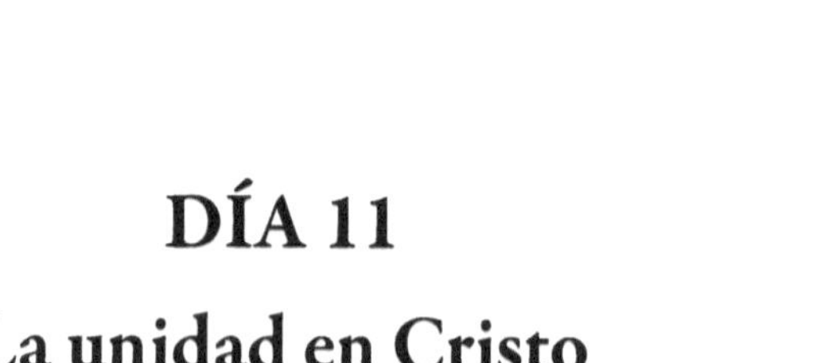

DÍA 11
La unidad en Cristo

Finalmente, sed todos de un mismo sentir, compasivos, amándoos fraternalmente, misericordiosos, amigables. 1 Pedro 3:8

Como consecuencia del pecado desde aquel día en el huerto del Edén, no solo ocurrió una separación entre Dios y los hombres, sino que también se corrompió la relación de la humanidad consigo mismo, desde el momento en que el hombre viene a Cristo y nace de nuevo comienza un proceso de renovación (Tito 3:5), donde todo lo que estaba dañado en nosotros se renueva, Este es un proceso que el Espíritu Santo va trabajando en cada uno de nosotros, y no solo se trata acerca de recuperar la unidad de la relación con Dios, sino también de restaurar la relación de la humanidad consigo mismo. Cuando el hombre o la mujer no tienen a Cristo reina en ellos la carne, y las obras de la carne, no el Espíritu Santo, por consiguiente trae grandes dificultades al ser humano para poder mantener una buena relación con Dios, e inevitablemente tendrá también problemas para relacionarse con las demás personas, porque el hombre sin Dios es egoísta y busca solo lo suyo por encima de los demás.

Es la voluntad de Dios que la iglesia sea unida

Cuando Jesús estaba en la última cena con sus discípulos les hablo muchas cosas grandemente importantes, enseñanzas tan esenciales y valiosas, también hizo una oración que me fascina siempre que la leo, y estoy segurísima que así como a mí, también lo ha hecho con tantos hombres y mujeres de Dios a través de la historia, una de las cosas más impactantes que pidió al Padre en esta oración fue que fuéramos uno así como Él y el Padre son uno (Juan 17:21-26). En este pasaje podemos aprender algo totalmente esencial sobre la predicación del evangelio, que muchas veces pasamos desapercibido, y es que para que el mundo pueda creer que el Padre ha enviado a Cristo es indispensable que nosotros los cristianos estemos en una perfecta unidad; Yo en ellos, y tú en mí, para que sean perfectos en unidad, para que el mundo conozca que tú me enviaste, y que los has amado a ellos como también a mí me has amado. Juan 17:23; La traducción precisa de "Que sean perfectos en unidad" es; "Uno hacia adentro habiendo sido completados", lo que implica que esa unidad que Jesús le pedía al Padre, fuera una unidad completa no la cual no se trata de algo meramente como una reunión física (Un culto, servicio o evento) es más que algo superficial, frívolo o de simples apariencias, sino que de corazón haya un verdadero acuerdo de amor fraternal sincero, profundo y trascendental, algo tan real y comprobable que aun aquellos que no han creído crean al ver esta gran familia de la fe permanecer como uno solo en la unidad del cuerpo de Cristo, que estos puedan creer que en verdad el Padre envió a Jesús y que nos amó tanto así como lo amó a Él, esto es inmensamente poderoso, y es una revelación tremendamente impactante que nos ha dado Cristo sobre la voluntad de Dios para toda la iglesia.

La unidad de la iglesia es vital para su preservación, y debemos empeñarnos en mantener la unidad, es imprescindible para nuestro testimonio evangelístico. La unidad cristiana implica estar en un mismo acuerdo en mente y obra con el propósito de mantener en pie la edificación del cuerpo de Cristo, con el poder del Espíritu Santo.

Las características de la unidad cristiana

La unidad es acción más que palabras, y para lograrlo debemos cambiar nuestra mente, venimos con una mente réproba; Carnal y egoísta, debemos ser transformados por medio de la palabra de Dios, y es cambiando lo que pensamos que cambiamos lo que hacemos. En Efesios 4:1-3 dice: Yo pues, preso en el Señor, os ruego que andéis como es digno de la vocación con que fuisteis llamados, con toda humildad y mansedumbre, soportándoos con paciencia los unos a los otros en amor, solícitos en guardar la unidad del Espíritu en el vínculo de la paz; Esta es una lista de actitudes que debemos tener para poder mantener la unidad en Cristo, hablemos un poco de cada una de ellas para entender su importancia:

1- La Humildad:

Es parte del fruto del Espíritu Santo, y se trata de que no pensemos de nosotros mismos como superiores a los demás. La humildad es contraria al orgullo: Y el orgullo es tener un concepto de sí mismo mayor a lo que realmente somos. Está también la llamada falsa humildad, quién la practica solo busca llamar la atención hacia sí mismo, y aparentar algo que realmente no es, con el fin de ser admirado, eso es vanagloria.

La humildad real se basa en un pensamiento modesto sobre sí mismo, por motivo de mantener paz con los demás, pero tampoco quiere decir que la persona deba ser insegura, ni tampoco que deba menospreciarse, ya que la palabra dice: Digo, pues, por la gracia que me es dada, a cada cual que está entre vosotros, que no tenga más alto concepto de sí que el que debe tener, sino que piense de sí con cordura, conforme a la medida de fe que Dios repartió a cada uno. (Romanos 12:3),

En conclusión, no es la voluntad de Dios que tengamos un concepto de nosotros que no concuerde con la realidad, a Él le agrada que tengamos una identidad bien definida y estemos seguros de quienes somos, y de que somos capaces, pero sin menospreciar a otros que están en el proceso, o que no tengan la misma capacidad que nosotros.

2- La Mansedumbre:

La mansedumbre también es parte del fruto del Espíritu Santo, en el contexto de este estudio sobre la unidad de la iglesia, se refiere a ser un generador de soluciones y reacciones pacíficas, no de caos. Hay personas que profesan ser cristianos, pero son groseros y ofensivos con quienes tienen diferencias. Algunos ridiculizan a aquellos con quienes no están de acuerdo, los critican, murmuran, etcétera, reflejando así el carácter del viejo hombre, es decir, un cristiano carnal. Jesús dijo: Llevad mi yugo sobre vosotros, y aprended de mí, que soy manso y humilde de corazón; y hallaréis descanso para vuestras almas (Mateo 11:29).

La mansedumbre y la humildad están en el corazón, y de el corazón maná la vida dice Proverbios 4:23, entonces desde allí debemos ceder al Espíritu Santo para que limpie nuestro interior y así poder reaccionar diferente ante las distintas situaciones que se nos presenten. Una iglesia llena de personas groseras, que reaccionan violentamente ante cualquier mínimo disgusto, será una iglesia destinada al fracaso y a la mala reputación, de hecho ninguna relación pudiese fructificar y prosperar si no hay mansedumbre. Debemos orar y pedirle al Espíritu Santo que trabaje con nuestro carácter y forme más el carácter de Cristo en nosotros.

3- La Paciencia:

La paciencia es parte del fruto del Espíritu Santo, se refiere a esperar que las deficiencias y fallas de los demás irán mejorando así como Cristo vaya trabajando con cada uno de ellos. El Señor es paciente con nosotros, como Él lo ha sido, de la misma manera nosotros debemos actuar así hacia los demás, orando por ellos, y dando buenos consejos, y sobre todo: Predicando con el ejemplo, que es la mejor predicación.

4- Celo por la obra de Dios:

Somos llamados por Dios a mantener esa unidad, y hay que hacerlo con diligencia. ¿Somos verdaderamente celosos en la lucha por la unidad de la iglesia? ¿O somos más celosos por nuestros propios derechos, privilegios, y opiniones? (Efesios 4:3) señala que la iglesia debe procurar diligentemente cada día velar por la unidad efectiva que viene a través del vínculo de la paz, no es con contiendas, sino con el poder del Espíritu Santo, ya que si algo perturba la unidad de la congregación, la iglesia no se puede quedar estática, sino que debe accionar rápidamente para corregir, alinear y componer lo que esté afectando la paz, con amor y valentía.

Y nunca favorecer a los generadores de caos, más bien informar a las autoridades de la congregación de cualquier comentario, chisme, murmuración o acción que pudiese ser perjudicial para la salud de la unidad de la iglesia, y amonestarlos sobre mantener la unidad.

5- El Amor fraternal:

Es el primero de los diferentes aspectos del fruto del Espíritu Santo, La palabra de Dios dice en 1 Juan 4:8, que el que no ama no ha conocido a Dios, porque Dios es amor, el amor es dar, y si queremos explicar lo importante que es no bastaría un solo capítulo de este libro para ello, ahí podemos ver lo indispensable que es, pero sobre todo lo más importante que debemos resaltar es que amar al hermano es la característica número uno de los verdaderos hijos de Dios, Jesús dijo en Juan 13:35: En esto conocerán todos que sois mis discípulos, si tuviereis amor los unos con los otros, es decir, que la característica número uno de la iglesia es el amor.

¿Cuándo la unidad cristiana está mal?

La unidad Cristiana en virtud de la unidad espiritual no solo se refiere a ponerse de acuerdo en mente, sino a que este acuerdo sea bajo la voluntad de Dios. Si un grupo de cristianos se pone de acuerdo para algo que no está en la palabra de Dios, el simple hecho de que estén en unidad no implica que sea del agrado de Dios, es decir que la unidad cristiana va más allá del simple acuerdo, más bien involucra indispensablemente la aprobación divina, por lo tanto cuando la iglesia se une el resultado debe ser que hagan la voluntad de Dios y no la suya propia, ¿Como confirmar esto? Cuando lo que se hace va conforme a la Biblia. "Si ignoras la Palabra de Dios, siempre ignorarás su voluntad" Billy Graham.

La voluntad de Dios para la iglesia Es que esta permanezca unida por el vínculo de la paz que nos da Cristo, y que no es solo responsabilidad de los líderes de la congregación, sino que es un estilo de vida del cristiano verdadero, debemos estar en paz con todos, mientras dependa de nosotros (Romanos 12:18) permanecer en un mismo sentir, por un mismo propósito, y ser de bendición porque ya hemos sido bendecidos.

Oración de Compromiso

Padre, mi Dios verdadero, sé que tú y Cristo son uno, y no hay división ni desacuerdo entre ustedes, quiero aprender a permanecer en esa misma unidad con mis hermanos en Cristo, me comprometo a ser un agente de paz, y velar con la unidad en mi congregación. En el nombre de Jesús. ¡Amén!

Cuarta parte

La voluntad de Dios y mi crecimiento Espiritual

DÍA 12
A la estatura de Cristo

Hasta que todos lleguemos a la unidad de la fe
y del conocimiento del Hijo de Dios, a un varón perfecto,
a la medida de la estatura de la plenitud de Cristo; Efesios 4:13

Una característica Cristiana indispensable para llegar a la madurez cristiana es la humildad, el hombre y la mujer de Dios son personas que reconocen su imperfección, pero no se conforman con ella, entienden que cada día tienen que ir creciendo espiritualmente para ser perfeccionados por medio del poder transformador del Espíritu Santo, por medio de la enseñanza y guianza de los siervos y siervas que Dios señalo para edificar a su iglesia: Y Él mismo constituyó a unos, apóstoles; a otros, profetas; a otros, evangelistas; a otros, pastores y maestros, a fin de perfeccionar a los santos para la obra del ministerio, para la edificación del cuerpo de Cristo, hasta que todos lleguemos a la unidad de la fe y del conocimiento del Hijo de Dios, a un varón perfecto, a la medida de la estatura de la plenitud de Cristo (Efesios 4:11-13).

Ningún cristiano genuino es conformista, ni rechaza su compromiso de crecimiento espiritual, no se rinde, ni retrocede. Si huimos de nuestros procesos, retrasamos nuestro crecimiento espiritual, hay que ser valientes y no tener miedo a madurar espiritualmente.

Así como cuando nacemos de nuestra madre natural somos bebés y debemos ser cuidados, ya que no tenemos conciencia de nosotros mismos, no podemos hablar, ni caminar, no tenemos la habilidad física, ni las fuerzas para hacer un cien número de cosas para valernos de nosotros mismos, a medida que va pasando el tiempo y vamos creciendo en estatura y fuerza vamos adquiriendo las habilidades motrices, el habla, la vista clara, en resumen vamos logrando una plenitud sobre nuestras capacidades físicas y así ir supliendo cada actividad que tenemos que realizar para poder ser independientes de nuestros padres. De la misma manera es en el ámbito espiritual, es la voluntad de Dios que el cristiano tenga un crecimiento espiritual avanzado y sostenible.

Cuando nos convertimos en cristianos nacemos de nuevo, Cristo Jesús dijo: En verdad os digo que si no os convertís y os hacéis como niños, no entraréis en el reino de los cielos (Mateo 18:3), esto sucede cuando nacemos de nuevo luego de habernos convertido a Cristo, cuando nosotros nacemos del Espíritu, no tenemos la capacidad espiritual para encargarnos de nosotros mismos, requerimos el cuidado de otros para ser atendidos espiritualmente, sin embargo esto no puede ser así siempre, de la misma manera que al crecer nos independizamos del cuidado de nuestros padres o tutores, espiritualmente también debemos de llegar a un punto donde seamos maduros espirituales, donde no estemos como bebés o niños esperando que otros sean los que nos encaminen, sino más bien, llegar a la estatura del varón perfecto en Cristo.

Nacer en la carne o nacer en el Espíritu

Respondió Jesús y le dijo: De cierto, de cierto te digo, que el que no naciere de nuevo, no puede ver el reino de Dios (Juan 3:3), El que no ha creído en Cristo es un nonato al reino de Dios, pero es nacido carnalmente (Está vivo en la carne), por lo mismo son manifiestas las obras de la carne en su vida; Y manifiestas son las obras de la carne, que son: adulterio, fornicación, inmundicia, lascivia, idolatría, hechicerías, enemistades, pleitos, celos, iras, contiendas, disensiones, herejías, envidias, homicidios, borracheras, orgías, y cosas semejantes a estas; acerca de las cuales os amonesto, como ya os lo he dicho antes, que los que practican tales cosas no heredarán el reino de Dios (Gálatas 5:19-21). Jesucristo dijo: Lo que es nacido de la carne, carne es; y lo que es nacido del Espíritu, espíritu es. (Mateo 18:6), En contraste a las obras de la carne, al nacer del Espíritu comenzamos a aprender sobre la vida espiritual santa, debemos de ir aplicando, ayudados por el poder del Espíritu Santo, el conocimiento de Dios en nuestras vidas, manifestando así por medio de nosotros el fruto del Espíritu; Más el fruto del Espíritu es amor, gozo, paz, paciencia, benignidad, bondad, fe, mansedumbre, templanza; contra tales cosas no hay ley (Gálatas 5:22-23).

No estamos solos, el Espíritu Santo nos ha revestido de su poder para tener la capacidad de vencer a la carne y vivir en el espíritu, antes como mundanos e inconversos era imposible, pero ahora lo podemos todo en Cristo (Filipenses 4:13).

Realidades sobre el proceso de la madurez cristiana:

A continuación mencionaremos catorce realidades sobre el crecimiento espiritual, estas nos ayudaran a comprender más profundamente y alinearan pensamientos equivocados:

1- Crecer espiritualmente debe ser normal: Lo anormal es no crecer espiritualmente.

2- Los cristianos maduros: Son indispensables para el crecimiento correcto, y desarrollo de la plenitud de la iglesia.

3- En contraste los cristianos inmaduros dentro de la iglesia: Son los que producen caos, desorden, división y confusión.

4- Es imposible llegar a la madurez sin humildad: Es imposible llegar a la madurez cristiana si no se es sincero.

5- Ningún cristiano genuino es conformista, ni rechaza su compromiso de crecimiento espiritual: No se rinde, ni retrocede, sino que su interés cada día es ir más hacia la meta tomado de la mano del Espíritu Santo.

6- Los cristianos inmaduros no quieren escuchar la verdad: Se molestan, hacen berrinches, y hasta se van de la iglesia con tal de no cambiar. Así como un niño natural solo quiere comer comida chatarra y dulces, son más deliciosos al paladar, pero no aportan los nutrientes para el sano desarrollo del crecimiento y buena salud, los niños espirituales no les gusta nutrirse bien, porque son carnales.

7- La madurez cristiana está íntimamente ligada a la sabiduría: La cual tiene que ver con la obediencia a la palabra de Dios.

8- Nuestro avance en el crecimiento espiritual depende de nosotros: Someternos a los que Dios nos está indicando. Nadie te puede hacer crecer, ni Dios, es una decisión propia.

9- Los cristianos maduros no son egoístas: Sin embargo los cristianos inmaduros solo piensan en sus intereses personales.

10- Una iglesia inmadura no puede crecer en número de miembros: Debido ya que afecta al ambiente espiritual sano.

11- La madurez espiritual se manifiesta naturalmente: No hay nadie maduro espiritualmente si es inmaduro naturalmente, sin embargo la persona no necesariamente será maduro espiritual si es maduro naturalmente.

12- Al cristiano inmaduro no le importa lo que está pasando en la iglesia: Al inmaduro no le interesa involucrarse, por otro lado el cristiano maduro participa activamente y es parte del desarrollo de la obra de Dios, y motiva a otros a crecer, además no se detiene de trabajar en la obra de Dios aunque otros lo hagan. Es parte de la solución no de problemas.

13- Es imposible llegar a la madurez sin el Espíritu Santo: El cual trata personalmente con nosotros suministrándonos poder espiritual, y guianza a través de sus manifestaciones (Dones) por medio de los siervos de Dios, y revelándonos la verdad de Dios que es su palabra. Jesucristo dijo: Lo que es nacido de la carne, carne es; y lo que es nacido del Espíritu, espíritu es. (Mateo 18:6).

14- Las personas que se empeñan en buscar la estatura de Cristo por medio de la madurez son aquellos que están esperando la venida de Cristo por su iglesia.

¿Cuáles son las etapas del crecimiento cristiano?

Ya hemos entendido que hemos nacido de nuevo y que no podemos darle rienda suelta a la carne, sino que ahora somos espirituales, y que la voluntad de Dios es que crezcamos cada día más en el Espíritu a la estatura de la plenitud de Cristo, a la estatura del cristiano perfecto. Para eso debemos aprender que existen 2 clasificaciones de crecimiento espiritual, y 5 niveles de etapas del crecimiento espiritual cristiano; 2 clasificaciones: Los de crecimiento espiritual sano y los de crecimiento espiritual enfermo, y las etapas de crecimiento Espiritual: Los bebés, niños, adolescentes, jóvenes y adultos espirituales.

Es importante conocer cada etapa y clase para poder identificar donde estamos y quienes somos, y de esta forma no quedarnos estancados y saber hacia donde debemos avanzar. También a los pastores y líderes espirituales les será muy útil este conocimiento para así poder identificar a cada quién en la congregación y saber como ministrarlos y ayudarlos a crecer espiritualmente, y si alguien nuevo llega de otra congregación es bueno pasarlos por el filtro de los niveles y clasificaciones, para poder saber que actividades puede hacer y que no en la congregación. Comenzaremos con las características de los niveles:

Características de los niveles espirituales

1- Los Bebés espirituales

Es la primera clasificación y la primera etapa del cristiano, es el que acaba de nacer en Cristo. Así como todos los bebés desde que nacen hasta los 4 años aproximadamente.

Los bebés espirituales son ruidosos, llorones, consentidos, pueden enfermarse espiritualmente y no saben como sanarse, son personas que no saben orar, ni saben que tiene que hacerlo, no conocen la Biblia, ni saben leerla, entienden el concepto de pecado, pero de una manera muy básica y no a nivel espiritual, no saben qué deben hacer en la iglesia, o a veces no saben ni siquiera que debe hacer algo para el reino de Dios, cometen muchos errores, lastiman a sus hermanos con mucha más frecuencia que alguien más maduro y esto a veces sin darse cuenta.

Los bebes espirituales son emocionalistas, dependen de que otros oren por ellos, depende que otros los corrijan, dependen de la admiración y aprobación de otros, no le gusta que los corrijan, solo les gusta que les digan cosas bonitas, se quejan porque quieren la atención solo para sí, no se les puede dar responsabilidades, se desaniman mucho y fácilmente, necesitan estar entretenidos constantemente con "juguetes" sino se aburren y se van, pueden morir espiritualmente si no se les alimenta constantemente, no saben controlar sus emociones y sentimientos, no saben cuando están siendo tentados, requieren que los lleven a descansar y enseñarles como descansar espiritualmente, no les gusta compartir a sus líderes con otros, no saben trabajar en equipo, se ponen celosos, etcétera.

Este nivel espiritual es inmensamente delicado; Así como todo bebé, requieren de mucho cuidado y atención; Y a su nivel de entendimiento espiritual deben recibir enseñanza bíblica, oración, liberación, atención, seguimiento, corregirles, animarles, y estar al pendiente de ellos todo el tiempo, no pueden tener autorización de ministrar, ni predicar, ni enseñar ni aconsejar a nadie, no se pueden dejar solos porque pueden hacer tremendo desastre si uno no esta al pendiente; Ya que a penas están prendiendo a vivir en el Espíritu y fácilmente pueden ser seducidos por las tentaciones de la carne y a veces ni siquiera saben que están siendo manipulados o influenciados por demonios, y lamentablemente pueden ser usados también para tentar a otros.

Este nivel es muy delicado también porque son fácilmente engañados por cualquiera que se haga pasar por ministro, al no conocer la palabra de Dios, no conocen la doctrina, y cualquiera que sepa hablar bonito puede embabucarlos y arrastrarlos a falsa doctrina, Así como los bebés están en el mejor momento para enseñarles todos los rudimentos de la fe y la doctrina de Cristo, lo que aprendan en esta etapa no lo olvidaran jamás y marcará fuertemente el rumbo de sus vidas.

2- Los niños espirituales

Así como cualquier niño; Los niños espirituales tienen las mismas problemáticas que los bebés solo que caen con menos frecuencia y con poco más de independencia y responsabilidad. De la misma manera que un niño de 4-8 años. Son personas que conocen básicamente los rudimentos de la fe, pero aún no dominan la constancia de su ejercicio; Alejarse del pecado, la oración, el estudio de la palabra, el ayuno, el congregarse, el compañerismo, el servicio, el hablar de Cristo, ofrendar, diezmar, los practican, pero no con excelencia, son menos frecuentes que los bebés espirituales a tener problemas con las personas, ya que están aprendiendo a relacionarse con el Espíritu Santo y con su ayuda a dominar sus emociones y sentimientos, pero aún les cuesta.

Aún no conocen bien la doctrina y pueden ser engañados por vientos de doctrina erróneos. También pueden enfermarse espiritualmente y no saben que hacer. Esta etapa sigue siendo un tiempo de dependencia espiritual de algún padre o tutor espiritual, que les siga alimentando espiritualmente y corrigiendo sus comportamientos infantiles e inmaduros; Se la pasan jugando todo el tiempo, todo es un juego y un chiste para ellos, nada se lo toman en serio, y todo es para disfrutar; Se distraen fácilmente. Son casi obligados a escuchar la enseñanza, y deben cursar todas las clases de discipulado con el fin de limpiar su mente de toda la basura de la doctrina mundana y/o doctrina de falsas religiones, el humanismo, el machismo o feminismo, etcétera.

Los niños espirituales son fácilmente seducidos al pecado al igual que los bebés espirituales, así que es importante que cuando somos sus tutores o líderes, estar al tanto de ellos, y ganarnos su confianza para poder ministrarlos efectivamente; También hacerles saber que el propósito de Dios es que crezcan espiritualmente, que no deben ser dependientes de otros para mantenerse firmes espiritualmente.

3- Los Adolescentes Espirituales

Estos al igual que los adolescentes en la vida natural son personas que ya se encargan de la mayoría de las actividades concernientes a sí mismos, aseo personal, comen sus alimentos sin ayuda, preparan algunos alimentos fáciles o de dificultad media, ayudan en los quehaceres del hogar, van a la escuela, pueden sostener una conversación coherente, pueden enseñar a los más pequeños a hacer algunas actividades, pero a veces pueden tener diferencias con ellos. No tienen la capacidad de proveer para su alimento ni el sustento de sus necesidades de vida, porque no trabajan, y si lo hacen, no ganan suficiente.

Otra característica es que quieren los privilegios de los adultos, pero no las responsabilidades, y quieren los privilegios de los niños, pero sin las restricciones. No les gusta que le digan que hacer, no les gustan que los corrijan, son perezosos, hay que enseñarles respeto, educación, obediencia a las autoridades, etcétera. En la interpretación espiritual es exactamente lo mismo solo que adaptado al ámbito espiritual; Siguen siendo difíciles de ministrar, ya que creen que ya saben todo, incluso más que sus mayores, es la etapa de adoctrinamiento de liderazgo y donde se descubren los dones, talentos, habilidades, comienzan y deben empezar a practicarse, ya los adolescentes espirituales están activos en la obra, pero con limitaciones, aún no pueden ejercer el predicar en el altar, ni dirigir un ministerio, por así decirlo: Aún no tienen permiso para conducir "carros espirituales".

4- Los Jóvenes espirituales

Son personas que ya están a cargo de su vida espiritual, piden consejo de sus autoridades acerca de todo y han aprendido el sometimiento, el orden, y la responsabilidad, es probable que ya sean líderes, coordinadores o parte de la directiva de algún ministerio, o también un miembro del equipo experimentado, esencial y de gran bendición, estas personas muy pocas veces tienen situaciones con otros cristianos, conocen bien la doctrina que le han enseñado, y ha leído la palabra de Dios, se congrega con mucha regularidad y avisa si se presenta alguna situación especial y que no pueda asistir, debido al grado de responsabilidad ya se ven en la situación de dar consejería y/o tener pláticas con las personas con las que trabajan en sus equipos (Jóvenes espirituales), pero solo para animarlos, corregir alguno que otro comportamiento inadecuado, enseñarles a servir, etcétera, pero no consejería de problemas grabes como: Al grado de liberación, problemas familiares, pecado y/o problemas semejantes, todo eso debe encargarse alguien de más madurez, como adultos espirituales.

Los Jóvenes espirituales caen mucho en vanaglorias, quieren ser vistos, y buscan la manera de estar en lugares y actividades llamativas, son competitivos con otros hermanos, creen que son mejores y quieren demostrar; Que ya saben, y que ya pueden y tienen permiso, eso es algo que el Espíritu Santo irá ayudándoles a quitar de sus vidas, porque los dones y talentos no son para nosotros, sino para bendecir a otros.

Los jóvenes espirituales también fácilmente caen en "modas" con tal de llamar la atención a sí mismos. No les gustan los ministerios ni actividades demandantes, no quieren compromisos, ni les gusta invertir mucho tiempo. Los jóvenes espirituales ya tienen experiencia, pero más en lo que es el servicio, pero aún no ejercen un ministerio (Apóstol, Profeta, Evangelista, Pastor y Maestro) Solo ponen en práctica sus dones en sujeción y orden, son personas más despiertas espiritualmente y mucho menos propensos a caer en el engaño de la tentación por los pecados del viejo hombre, porque tienen una vida de oración más constante y profunda que los niños y bebés, no hay que ponerlos a orar, ellos saben que tienen que hacerlo y cuando, pueden identificar mucho más cuando están siendo atacados por espíritus; De división, rebelión, vanagloria, y los celos; Estos cuatro son los que con más frecuencia el diablo usa para atacarlos, ya que al ser una pieza clave en la obra de Dios, son un blanco deseable por el enemigo, y sabe que si los hace caer puede hacer mucho daño a la congregación.

5- Los Adultos espirituales

Los adultos espirituales son cristianos que están a cargo de otros, tienen en su responsabilidad la vida espiritual de los jóvenes, adolescentes y niños, y buscan siempre mantener un orden delegado donde todo puedan ser ministrados por los que tengan la mejor capacidad y testimonio, y que también nadie se quede sin poner en práctica sus dones, tienen autorización de enseñar la palabra desde el altar, son personas con un testimonio intachable, tienen visión de alcance evangelístico, procuran siempre alcanzar a los perdidos, se preocupan por mantener viva la sana doctrina por medio de la enseñanza en amor, atienden las necesidades espirituales de los líderes y les enseñan como cuidar de otros.

Los adultos espirituales son personas experimentadas en la oración, ayuno, manejo de las escrituras, conocen y enseñan la palabra efectivamente, son buenos consejeros para la familia en general, si es mujer aconseja a las damas y si es hombre a los caballeros, no son celosos con otros líderes y permiten a otros desarrollar sus dones bajo supervisión, pero con el propósito de permitirles ir creciendo y edificando la iglesia, difícilmente pueda ser engañado por el enemigo en cuanto a tentación, tampoco doctrinas torcidas, tienen mentores y amigos espirituales, esta a cargo de ministerios, tiene un llamamiento al ministerio y lo ejerce, no es de doble ánimo, es confidente fiel, no se mete en problemas que no lo han llamado, prudente, más las características de (1 Timoteo 3:3-7). Estas personas son de ejemplo e inspiración no solo en la congregación, sino fuera de ella también, dan buen testimonio en sus círculos de vida.

Clasificaciones del crecimiento espiritual

Los de crecimiento sano: Son aquellos que han pasado cada etapa de su crecimiento sin interrupciones y en orden, sin que se hayan nunca apartado del camino del Señor, que no se cambiaron de iglesia, que no se desesperaron por participar en algún ministerio o actividad antes del tiempo correcto, que recibieron sus clases de discipulado a tiempo, que se bautizaron, fueron enseñados a orar, ayunar, bien doctrinados, y fueron atravesando cada etapa siendo guiados por un mentor autorizado de la congregación, en fin, personas que llevaron un crecimiento ininterrumpido, ni acelerado, y lo más importante Pusieron en práctica todo o la mayor parte de lo que le enseñaron.

Los de crecimiento enfermo: Estos son todo lo contrario a los de crecimiento sano, son personas que se movieron de una iglesia a otra, que conocieron a Cristo en una iglesia y se mudaron de casa o ciudad y ya no siguieron en el mismo lugar, o ya no siguieron congregándose ahí, y recibieron otra enseñanza en otro lugar, que se apartaron por algún o algunos tiempos de la iglesia, que no fueron tuteados espiritualmente, no les enseñaron los rudimentos básicos de la fe, esto crea confusión, y retraso espiritual; Estas personas también pudieron haber sido bien enseñadas, pero nunca pusieron en práctica, o muy poco, las enseñanzas que les compartieron.

Los enanos espirituales

Y por último los enanos espirituales: Si las personas de crecimiento enfermo no corrigen su manera de vivir, y no se establecen en un solo lugar, para esperar pacientemente el tiempo de Dios para desarrollarse practicando lo que se les enseñe, terminarán convirtiéndose enanos espirituales, que tienen muchos años de cristianos, pero se han cambiado innumerables veces de iglesias, y no por razón de mudarse de casa o ciudad, sino porque se aburren, por pleitos, rebeldía, celos, contiendas, inseguridades, etcétera.

Los enanos espirituales son cristianos carnales, pero con conocimiento, es decir, es posible que tengan mucho conocimiento de la palabra de Dios, pero poca práctica, son realmente rebeldes, porque el ignorante es menor al rebelde, porque el rebelde sabe hacer lo bueno y no lo hace, y le es pecado, por lo tanto se constituye en alguien carnal, atado a las pasiones, fácilmente manipulado y engañados por el diablo, tremendamente letal y nocivo para la obra de Dios, un peligro. Estas personas deben ser confrontados para que así puedan aceptar que su condición es equivocada, entonces poder ser liberadas de esos espíritus.

¿Por qué estas personas llegan a este nivel negativo?

Los cristianos llegan a encontrarse dentro de estas clasificaciones por culpa de no aceptar la paternidad espiritual, la guía de mentores, las personas que llegan a este nivel de rebeldía e inmadurez, son personas que no escuchan la corrección, no respetan autoridad, no quieren doblegar su carne, y tienen una actitud completamente pesimista a todo lo que signifique amar al prójimo.

Perdón, amabilidad, mansedumbre, etcétera; Son personas egoístas, y sensuales (Judas 19:19), causan divisiones porque no tienen al Espíritu, porque solo son simpatizantes de la fe, pero no convertidos, por eso no pueden ser guiados por el Espíritu Santo, necesitan tener un encuentro con Dios, y arrepentirse y comenzar a vivir una vida en santidad, entrega y justicia ante Dios, y también recibir la paternidad espiritual, la cual consiste en aceptar el liderazgo espiritual de los pastores y líderes para que Dios los use para corregir, alinear, y darle dirección a nuestro crecimiento espiritual.

La congregación de este siglo

Me duele profundamente como ministra del Señor afirmar esto, pero las congregaciones de este siglo así son (2 Timoteo 3:3-9) en estos últimos tiempos hay una oleada de bebés, niños, enanos y deformes espirituales, porque lamentablemente hay mucha falsa doctrina, y también hay algunos que no están predicando el evangelio correctamente, ya que es más fácil que las personas lleguen a este nivel cuando no son confrontados con su pecado y malas actitudes.

Lamentablemente los líderes y pastores verdaderos estamos viviendo un tiempo tremendamente difícil, ya que el diablo ha moldeado un mundo de gente muy dura de corazón, egoísta y extra-sensible que no soportan la corrección ni la confrontación, donde los padres naturales no tienen autoridad sobre los hijos, y de igual manera pasa en las iglesias, entonces la gente cuando comienza a ser confrontada y corregida huye, y por eso el caso de deformidades y crecimientos espirituales anormales se están presentando más.

Hay que huir de estas condiciones, y si Dios nos está confrontando o corrigiendo por medio de nuestros pastores, es porque quiere que crezcamos espiritualmente y lo correcto que debemos hacer es obedecer ciegamente a la guianza del Espíritu Santo para poder transicionar y seguir al siguiente nivel, y no quedarse estancado, enano y propenso a perder la salvación por estar en necedad.

¿En qué etapa de crecimiento espiritual estoy y como puedo crecer más?

Aquí es sumamente importante ser honestos con nosotros mismos, si es que no queremos quedarnos estancados, y si hemos sido confrontados con algo en este capítulo, permitir que la tristeza santa que la produce el Espíritu Santo pueda cambiar el corazón, trayendo arrepentimiento y crecimiento (2 Corintios 7:10) si no quieres crecer no crecerás, los años que tengas de cristiano no determinan tu crecimiento, lo hará tu amor a Dios y al prójimo, entrega y obediencia.

¿Cuál es la evidencia de la madurez espiritual?

Cuando somos cristianos maduros somos personas espirituales, que no vivimos según la carne, ni para complacer la carne. También nos convertimos en padres espirituales, y no solo de hijos huérfanos, sino de hijos que nosotros mismos hemos dado a luz, personas a las cuales nosotros personalmente les hablamos de Cristo, que se convirtieron al Señor gracias a que nosotros, les enseñamos el camino de la salvación, estas personas van a nuestro lado viendo todo lo que hacemos para aprender de nosotros a servir a Cristo. Los maduros espirituales y/o adultos, ayudamos e influenciamos a crecer a los que están a nuestro alrededor.

Dejar trabajar al Espíritu Santo en nosotros

Es la voluntad de Dios que trabajemos en nuestro ser interior, nuestros pensamientos, actitudes, reacciones y acciones, y lo primero que debemos hacer es reconocer es que somos imperfectos, no habrá en nosotros una transformación si pensamos que no hay en nosotros toda clase de errores, si creemos que somos los más santos; en este pensamiento hay dos problemas grandes; Primero que no somos los más santos, por supuesto, y segundo que no podremos crecer más y llegar a la plenitud de Cristo mientras pensemos así. Cristo nos enseña una gran lección en Mateo 7:1 y dice: No juzguéis para que no seáis juzgados.

Los hombres y mujeres de Dios no olvidan de donde los rescató Cristo, y saben que su responsabilidad ante Dios es la suya propia, por lo mismo sus ojos están puestos en sí mismos, viendo a la palabra de Dios como un espejo para poder corregirse toda imperfección, sabiendo que cada día esperamos ansiosamente a la venida de Cristo por nosotros. Cabe destacar que la madurez y crecimiento cristiano no es resultado del transcurso del tiempo natural que tenemos de convertidos, sino que es el resultado del sometimiento, practica constante y obediencia a la palabra de Dios a través de los años en Cristo, tampoco no podemos ser maduros hoy y mañana no, sino que esa madurez es permanente y creciente.

Oración de Compromiso

Bendito Padre celestial, gracias por enseñarme lo importante de mantenerme creciendo espiritualmente, gracias por enseñarme cada etapa y clasificación espiritual, ayúdame a identificar en que etapa estoy y que debo de hacer para seguir creciendo, si hay cosas que debo corregir ayúdame a cambiar para poder seguir en el fluir del Espíritu Santo y no estancarme. Te lo pido en el nombre de Jesús. ¡Amén!

DÍA 13
Hallando sabiduría

Así que tengan cuidado de su manera de vivir. No vivan como necios,
sino como sabios, aprovechando al máximo cada momento oportuno,
porque los días son malos. Efesios 5:15-16

La humanidad está engañada y manipulada por el diablo, ha metido
a los seres humanos en su juego de maldad, la ruleta rusa del
entretenimiento, las modas, el consumismo, la apariencia, la ambición,
las drogas, el libertinaje, etcétera... La enorme soberbia del hombre
cada día es más enfermiza y dañina, ha llegado hasta niveles
sorprendentemente influyentes, y la palabra de Dios y su pueblo es en
la actualidad altamente rechazado por toda la humanidad, el mundo
a lo bueno llaman malo y a lo malo llaman bueno, y necesitamos
permanecer firmes en nuestras creencias, evitando ser influenciados por
esta corriente de pensamientos demoniacos y carnales de destrucción.

Nuestra familia está bajo la mira, y la iglesia debe tener una
respuesta efectiva ante esta gran ola de maldad que azota al mundo,
un maremoto de destrucción de todo lo que tenga que ver con servir
al Dios verdadero. El materialismo, el adulterio y la fornicación, las
inmundicias, el egocentrismo, la hostilidad, la falta de valores, las
blasfemias contra Dios y los principios bíblicos son más comunes y más
terribles que nunca. La iglesia sufre una vez más ese profundo desprecio

asemejándose al desprecio que sufrió la iglesia en sus primeros siglos de existencia, e irónicamente, el mundo dice que es la iglesia quién desprecia a la humanidad, cuando lo único que hacemos es hablarles sobre el amor de Dios, amor que ellos rechazan, porque están ciegos espiritualmente, y ha sido tanto su rechazo a Dios que el Espíritu Santo ya no trata con algunos de ellos.

Sin embargo, peligrosamente poco a poco esa mentalidad nos la han estado inyectando a través de las redes sociales y los medios de comunicación, no solo a nosotros, sino que también y a la mente de nuestros niños cristianos; Dicha mentalidad, de la insaciable aceptación pública; de una apariencia y manera de actuar acorde a la mentalidad del mundo, es más importante para ellos que sus principios espirituales.

Es la vergonzosa situación donde mujeres, hombres, jovencitas y jovencitos, e incluso los niños hacen todo por un like, un like que tal vez, conforme a la decisión de los algoritmos de estas redes sociales, recibirán una remuneración financiera, lo cual es un engaño para manipular y someter a las masas a lo que ellos consideran relevante, obviamente aquello que va a favor de la corriente de sus intereses, hoy en día las personas se avergüenzan y ridiculizan a sí mismos, sufren de trastornos psicológicos graves por causa de ser rechazados, modifican sus cuerpos, y hacen tantas cosas inimaginables solo por el sueño de alcanzar sus supuestas metas millonarias, ya que nadie busca la felicidad, sino que han sido engañados pensando que el dinero, la fama, los bienes, la belleza externa, las drogas, etcétera, son la felicidad verdadera.

Necesitamos la sabiduría de Dios

Y la pregunta que gritamos es: ¡¿Qué podemos hacer?! ¡¿Cómo vamos a vencer?! La sabiduría es lo que más necesitamos para poder responder efectivamente, ya que el mundo ha caído en profunda necedad, alejándose del temor del Señor, se profesan sabios, pero son necios, su desobediencia tiene el caos a flor de piel, y solo la sabiduría pura y santa podrá alejarnos de la maldad y sus consecuencias, apartarnos del dominio satánico, rescatar a la iglesia y a todos los que podamos de las corrientes corruptas y de condenación eterna de este mundo. En cambio, la sabiduría que desciende del cielo es ante todo pura, y además pacífica, bondadosa, dócil, llena de compasión y de buenos frutos, imparcial y sincera (Santiago 3:17).

La sabiduría del hombre carnal, es una sabiduría para seguir en su misma maldad, una sabiduría egoísta, siniestra y pecaminosa. La sabiduría que proviene de Dios toma de la mano al ser humano y lo conduce por el camino de la salvación a la redención eterna, lamentablemente este mundo no mejorará, y tenemos que asimilar que estamos en el, pero gracias al lavamiento por medio de la sangre de Cristo ya no pertenecemos a este mundo, sin embargo, no quita la realidad de que aún estamos aquí y necesitamos conducirnos de tal manera que las malas influencias no nos contaminen.

El principio de la sabiduría es el temor de Jehová; Los insensatos desprecian la sabiduría y la enseñanza. Proverbios 1:7 La sabiduría no es acumulación de conocimiento bíblico, sino la aplicación del mismo en nuestras propias vidas. La sabiduría cristiana es un regalo de Dios que esta a nuestra disposición desde el momento en el que decidimos tener temor de Dios, desde el momento en el cual reconocemos que el camino del Señor es el camino de la vida, y que ese es el camino que queremos vivir, aunque sea más difícil, estamos dispuestos a vivir una vida negándonos tal de agradarle, reconociendo que el camino de maldad, es engañoso como el espejismo en el desierto, y el final es camino de muerte, muchos lo transitan, algunos consiente y otros inconscientemente, desde que podemos llegar a esta revelación y tomar la decisión de servir a Dios entonces comenzamos a crecer en sabiduría.

La sabiduría es más importante que el dinero:

Más vale adquirir sabiduría que oro; más vale adquirir inteligencia que plata (Proverbios 16:16), Es más importante porque el dinero puede darte infinidad de cosas, menos la salvación ni la vida eterna, de hecho la misma sabiduría cristiana bien aplicada puede posicionarte financieramente al mismo tiempo que mantienes tu relación con Dios estable, pero cuando nos inclinamos a buscar más al dinero, no por sustentarnos y a nuestra familia, sino por ambición y codicia, llegamos a estar en una posición entre la espada y la pared, donde tendremos que elegir servir a uno de los dos señores; A Dios o a las riquezas.

Las riquezas son un engaño, porque mientras más se tienen, más se quiere, y mientras más se quiere menos satisfechos estamos, y mientras menos satisfechos más inseguridad y temor hay de perder lo obtenido, por la sensación de que aún se requiere más, y eso hace buscar más riquezas tratando de obtener esa satisfacción y seguridad, lo cual hace dar vueltas en un círculo vicioso que ata a las personas, y es una historia insaciable de nunca acabar, donde termina destruyendo la relación con Dios y con el prójimo, ya que su Dios se vuelve el dinero, lo buscan, adoran y sirven más que al su propio creador. Más el que busca la sabiduría más que al oro y la plata, puede mantener su relación con Dios y estar en un nivel financiero que puede manejar, y se siente satisfecho de lo que Dios le ha permitido lograr y disfrutar, Yo he conocido que no hay para ellos cosa mejor que alegrarse, y hacer bien en su vida; y también que es don de Dios que todo hombre coma y beba, y goce el bien de toda su labor (Eclesiastés 3:12 y 13).

Dios es la fuente de la verdadera sabiduría

Yo te guío por el camino de la sabiduría, te dirijo por sendas de rectitud (Proverbios 4:11). Dios está dispuesto a guiarnos para que hallemos la sabiduría, mientras nos acerquemos a Él, siempre nos enseñará como debemos de actuar en cada situación, es voluntad de Dios que el hombre y la mujer cristiana sean sabios para el bien, e ingenuos para el mal (Romanos 16:19), porque al practicar la justicia nos alejamos de las consecuencias del pecado y podremos vivir una vida santa, caminando el camino de la vida.

Él nos ha provisto con diferentes fuentes de recursos en los cuales podemos encontrar su sabiduría:

1- La palabra de Dios, la Biblia:

Es un medio que Dios nos ha provisto para que hallemos todas las respuestas que necesitamos a cualquier situación en la que estemos atravesando, por eso el conocimiento de la misma es crucial, la sabiduría es la que le da vida a sus portadores; En verdad, quien me encuentra halla la vida y recibe el favor del Señor (Proverbios 8:35), Por lo mismo es indispensable mantenernos escudriñando diariamente la palabra de Dios, porque de esta manera alimentamos a nuestro espíritu con el conocimiento del Señor el cual nos empodera para vivir con rectitud. La ley del Señor es perfecta: infunde nuevo aliento. El mandato del Señor es digno de confianza: Da sabiduría al sencillo (Salmo 19:7).

2- La oración:

Si a alguno de ustedes le falta sabiduría, pídasela a Dios, y Él se la dará, pues Dios da a todos generosamente sin menospreciar a nadie (Santiago 1:5), Aquí implica tener humildad para reconocer que necesitamos el consejo de Dios para todo lo que hacemos en nuestra vida, recurrir a su revelación por medio de la oración, lo cual va intrincadamente unido al conocimiento de la Biblia, ya que siempre que Dios nos habla será acorde a lo que dice en su palabra, la oración es crucial para tomar buenas decisiones, y para que al tomarlas terminen bajo su voluntad todos nuestros planes.

3- La consejería cristiana:

La palabra de sabiduría es un don del Espíritu Santo, y Dios lo imparte en la iglesia para que los líderes principales y autorizados puedan aconsejar a la grey efectivamente, y ayudarlos a tomar las decisiones conforme a la voluntad de Dios. Hay que ser humildes y pedir consejo a nuestros líderes, el Señor usa a sus siervos para darnos palabras de sabiduría y guianza: El orgullo solo genera contiendas, pero la sabiduría está con quienes oyen consejos (Proverbios 13:10), Es indispensable tomarnos el tiempo de ir y escuchar consejo, junto con el conocimiento de la palabra y en oración tomar la mejor decisión.

4- La experiencia nos da sabiduría:

Si nos acostumbramos a cada día aprender de todo, tanto de lo bueno como de lo malo que hacemos y vemos a otros hacer, vamos a ir adquiriendo sabiduría, la que nos podrá servir para aplicarla en un futuro, y/o enseñar a otros sobre lo que Dios nos ha revelado por medio de observar y escuchar, absorbiendo lo bueno y desechando lo malo; Enséñanos a contar bien nuestros días, para que nuestro corazón adquiera sabiduría (Salmo 90:12).

5- Vivir humildemente:

Cuando el hombre es arrogante cree que se las sabe todas, y lamentablemente esto cierra las puertas de nuestra vida a aprender más, probablemente sí hemos crecido en sabiduría, pero aún ninguno de nosotros somos enteramente perfectos, y hasta que Cristo venga por nosotros, necesitaremos seguir creciendo en sabiduría para saber conducirnos en la vida, además no queremos caer en la vergüenza de creer que sabemos todo, y al final nos fallen los cálculos; Con el orgullo viene el oprobio; con la humildad, la sabiduría (Proverbios 11:2).

6- Rodearnos de gente sabia:

Por más que oremos, leamos la Biblia, hablemos con los pastores y líderes, etcétera, si no nos apartamos de las personas necias nunca viviremos una vida en sabiduría, porque mal consejo de los necios confundirá nuestro corazón y al final terminaremos fracasando, es muy importante rodearnos de gente que en verdad ame a Dios, No podemos ser amigos del mundo, ya que de esta manera nos constituimos enemigos de Dios. Consejo El que con sabios anda, sabio se vuelve; el que con necios se junta, saldrá mal parado.(Proverbios 13:20).

Aplicando la sabiduría

El mundo cree que sabe más que los cristianos, cree que sabe más que Dios, su arrogancia los ciega, pero dice la Biblia: Que nadie se engañe. Si alguno de ustedes se cree sabio según las normas de esta época, hágase ignorante para así llegar a ser sabio (1 Corintios 3:18), las normas de este mundo han cambiado, como hablamos al principio del capítulo, el diablo ha jugado con la mente de los seres humanos y les ha hecho cambiar las bases morales, hasta un punto crítico, señal de que estamos en los últimos tiempos, pero es de emergencia que nos paremos firmes en los principios bíblicos para poder vencer haciéndonos ignorantes a lo mundano para así no caer en la trampa del enemigo, y poder actuar bajo la sabiduría de la voluntad de Dios.

La única manera de demostrar que hay sabiduría en nosotros es por medio de nuestro comportamiento, ya que hacer alardes de conocimiento, es arrogancia y eso tarde o temprano nos llevará a la vergüenza ¿Quién es sabio y entendido entre ustedes? Que lo demuestre con su buena conducta, mediante obras hechas con la humildad que le da su sabiduría (Santiago 3:13), este comportamiento es silencioso pero efectivo, ya que las acciones son más importantes que las palabras. Hasta un necio pasa por sabio si guarda silencio; se le considera prudente si cierra la boca (Proverbios 17:28).

Beneficios de la sabiduría

1- Una vida bien cimentada en Cristo: Así nuestra salvación esta asegurada cuando vivimos con sabiduría. Por tanto, todo el que me oye estas palabras y las pone en práctica es como un hombre prudente que construyó su casa sobre la roca (Mateo 7:24).

2- Crecimiento espiritual y una relación con Dios más profunda: Pido que el Dios de nuestro Señor Jesucristo, el Padre glorioso, les dé el Espíritu de sabiduría y de revelación, para que lo conozcan mejor (Efesios 1:17).

3- Seguridad de que un día las decisiones sabías traerán bendición: Así de dulce sea la sabiduría a tu alma; Si das con ella, tendrás buen futuro; Tendrás una esperanza que no será destruida (Proverbios 24:14).

Que busquemos la sabiduría es voluntad de Dios para nuestras vidas, ya que por medio de la misma nuestro paso por la vida será un viaje con propósito, y el enemigo nunca podrá engañarnos, la sabiduría es esencial para el cristiano, debemos diariamente buscarla y aplicarla, compartirla para que pueda beneficiar a todo el que nos rodea, para así edificar el cuerpo de Cristo, y cumplir con el propósito de Dios para nuestras vidas.

Oración de Compromiso

Padre amado, ahora comprendo que tú eres la fuente de la sabiduría, esa que me ayudará a vivir justa e íntegramente, de ahora en adelante me comprometo a buscarla cada día para que por medio de ella pueda guardarme del mundo y conducirme por el camino de Cristo hacia la vida eterna, con rectitud y firmeza y llevar a otros a seguirte a ti con mi ejemplo. Te agradezco en el nombre de Jesús, ¡Amén!

DÍA 14

La Oración bajo su voluntad

Venga tu reino. Hágase tu voluntad, como en el cielo,
así también en la tierra. Mateo 6:10

Es la voluntad de Dios que vivamos conectados a Él día a día, dice en su palabra que: Yo soy la vid, vosotros los pámpanos; el que permanece en mí, y yo en Él, este lleva mucho fruto; porque separados de mí nada podéis hacer. (Juan 15:5), si nos desconectamos de la oración nos desconectamos de la fuente de vida, de la fuente de amor que es Cristo, y es cuando nuestra vida espiritual corre peligro. Hoy en día gozamos del privilegio de poder acercarnos al lugar santísimo y tener el acceso de hablar con el ser más maravilloso y admirable que existe, Él es el Todopoderoso, el Rey de reyes, el Inigualable, El Señor de todos los señores, el Dios de la gracia, el Padre creador; Ideólogo y creador del universo; YWHY, ¡Que privilegio tan exclusivo y grandioso!.

La oración es el privilegio más maravilloso que se nos ha otorgado luego de la salvación, si no fuera por la misma oración, nuestra vida cristiana sería un desierto agonizante, pero la oración es ese oasis en medio del desierto, lleno de agua y provisión, donde nuestra alma esta protegida, donde vamos y siempre hay esa fuente pura y cristalina de agua viva del Espíritu Santo, Él es nuestro descanso, nuestra compañía, quién nos anima, nos corrige, nos levanta, Él es nuestro todo, y sin Él no podemos, y es gracias a que nos dio la autorización de ser escuchados por medio de la oración que podemos venir a Él, ¡Qué grandioso privilegio el poder orar!.

La oración cristiana es muy poderosa, porque no oramos a cualquier dios, sino que oramos al Dios verdadero, pero hay que saber que la oración debe hacerse correctamente, pasaremos aprendiendo a través de la Biblia para saber cuál es la manera en la que a Dios le agrada que oremos, la manera en la que podemos ser escuchados, y la manera en la que recibimos respuesta divina. No es que tengamos la fórmula perfecta para convencer a Dios de que haga lo que queremos..., ya que la oración no es solo para pedir, y más adelante hablaremos de eso, aunque no está mal pedir, pero no es el único propósito de la oración.

La estructura de la oración ejemplar que Jesús le enseñó a sus discípulos cuando ellos le pidieron que les enseñara a orar, en (Lucas 11:1), así como Juan le había enseñado a sus discípulos: Vosotros, pues, oraréis así: Padre nuestro que estás en los cielos, santificado sea tu nombre. Venga tu reino. Hágase tu voluntad, como en el cielo, así también en la tierra. El pan nuestro de cada día, dánoslo hoy. Y perdónanos nuestras deudas, como también nosotros perdonamos a nuestros deudores. Y no nos dejes caer en tentación, más líbranos del mal; porque tuyo es el reino, y el poder, y la gloria, por todos los siglos. Amén. (Mateo 6:9-13), Muchos de nosotros hemos recitado esta oración durante años, pero nunca hemos meditado en su significado.

Los siguientes son fragmentos espirituales basados en la "Oración ejemplar del Señor Jesucristo", estos pueden ayudar a profundizar tu vida de oración con Dios, si aprendemos a ordenar nuestra oración de esta forma, para que así nunca nos haga falta ninguna área de la vida por presentar ante el Señor:

1- Padre nuestro. Dios quiere que nos acerquemos a Él como "Papá" (Abba). Él quiere cuidar de nosotros y protegernos. Dios desea intimidad. Dios quiere que estemos seguros en su familia como hijos y herederos adoptados. Este punto lo ampliaremos más adelante.

2- Que estás en los cielos. La forma de como orar correctamente es tener un temor Santo hacia Él. Dios es todopoderoso y puede lidiar con todos nuestros problemas, incluso los más grandes. Nos ama tanto que se apiada de nosotros.

3- Santificado sea tu nombre. Dios es tres veces Santo. Debemos siempre acercarnos a nuestro Dios con admiración y asombro. Hónralo en todo lo que hagas.

4- Venga a nosotros tu reino. Dios es el alfarero; Nosotros somos la arcilla. Dios nos mantiene girando en su rueda de alfarero, formándonos y cambiando nuestras vidas, muchas veces en lágrimas para hacernos más parecidos a Cristo, y Él pueda usarnos en su perfecta voluntad. Mantente como esa arcilla húmeda para que Dios te forme a través de la oración diaria.

5- Y Hágase tu voluntad, en la tierra como en el cielo. ¡Hágase tu voluntad, no se haga mi voluntad, su deseo no el nuestro!

6- Danos hoy nuestro Pan Diario. ¡Confianza! Dios proveerá nuestras necesidades. Su ojo está puesto fijo sobre nosotros y sabemos que Él nos cuida y provee siempre.

7- Perdónanos como nosotros perdonamos a nuestros deudores. Perdón es igual a rendición. Ríndete delante de Dios, no lleves esa carga pesada de resentimiento y amargura. Perdona a quien te ha ofendido. En nuestra debilidad, Dios nos dará la fuerza para perdonar. Además el más beneficiado en perdonar somos nosotros, porque somos libres del rencor y sus consecuencias.

8- No nos dejes caer en tentación. Traduciendo esta frase correctamente del idioma original dice de la siguiente manera: No nos permitas que caigamos en pruebas, sino que rescátanos del maligno, aquí entendemos que más que tentaciones, Jesús se refería a las pruebas, enseñándonos a pedirle al Padre Celestial ser librados de ataques demoniacos en medio de nuestras pruebas.

9- Líbranos del mal. Tenemos un enemigo que acecha por nuestra integridad. Pero Jesús lo venció en la cruz del calvario.

10- La adoración. "Porque Tuyo es el Reino (obediencia), y el Poder (confianza) y la Gloria (gozo), Para siempre" Este es el mundo de nuestro Padre. Todo lo que tenemos es suyo.

Estos son los diez puntos esenciales de la oración ejemplar, no nos puede hacer falta incluirlos en nuestra oración diaria, ya que son la estructura que nos enseñó Jesús.

¿Qué tanto debo orar?

Orad sin cesar. (1 Tesalonicenses 5:17). La oración es como el agua que tomamos, así como nuestro cuerpo no puede vivir sin ella, espiritualmente no podemos vivir sin la oración, mientras más tomas agua más la buscas, y de la misma forma pasa con la oración, debemos orar tan frecuente así tanto como nos lo pida nuestro espíritu, no hay obligatoriamente que esperar un momento especial del día, como mañana o noche, ya que debemos orar tan frecuente e inmediato como lo necesitemos, ya que al ser la manera en la que Dios nos habla, y nos comunicamos con Dios, debe ser algo constante, espontáneo y fluido. Porque así nuestro Dios se vuelve nuestro amigo y consejero principal. No hay que poner un temporizador para establecer un tiempo determinado para orar, ya que al igual a cuando tenemos sed, no medimos cuantos vasos tenemos que tomarnos, sino que lo hacemos hasta que nos saciamos, de la misma manera lo que va a determinar que hemos terminado de orar es la saciedad de nuestro espíritu y que no haya nada más que mencionar o preguntar.

La oración es para nuestro beneficio.

La oración es hablar con Dios, y nuestro Dios es una persona, no una cosa, no es un cajero automático donde le presionamos a los botones y sacamos las "bendiciones" que tenemos ahorradas por nuestras buenas obras..., claro que no, Dios tampoco es el falso Santaclaus que te da tu regalo cada año porque te portaste bien.

VIVIENDO BAJO LA VOLUNTAD DE DIOS

La oración va más allá que ser un medio para obtener un fin, la oración es una reunión de amistad con nuestro Padre Celestial; Jesucristo nos enseñó en Mateo 6:9-13 la oración ejemplar, esta inicia de una hermosa manera, y es que dice: Padre nuestro, haciéndonos entender desde un principio que Dios es Padre, pero de todos nosotros, Él no es exclusivo, por lo tanto desde el inicio de la oración ejemplar, Jesús nos está recordando que no podemos orar solo por nuestros intereses personales, sino que nuestra oración tiene que ver con incluir a los demás en nuestras peticiones y conversaciones con nuestro Padre.

La oración bajo la voluntad de Dios es una oración donde tenemos cuidado por pedir no solo para nuestra bendición, sino que todo lo que pedimos beneficia y bendice a todos los que nos rodean también, ¡De hecho toda la oración ejemplar del Padre nuestro es en Plural!, aquí tenemos confirmado el hecho de que la oración no es para conversar y pedir acerca de lo que nos concierne e interesa solo a nosotros, sino que tiene que ver con un marco más amplio.

La oración bajo la voluntad de Dios no es egoísta, la oración es para beneficiar a todos, porque en la oración ejemplar que Jesús nos enseñó se refleja la verdadera esencia del cristianismo, dónde vivimos para servir y preocuparnos los unos por los otros, así como Jesús hizo cuando estuvo en esta tierra, vivimos por un propósito el cual no es de beneficio personal únicamente, sino que nuestra vida trasciende y favorece a la gente que podría ser influenciada por nosotros, con el propósito de dejar una huella que pueda cambiar el rumbo eterno, nuestro y de los demás, de muerte a vida, como resultado de haber influido a Cristo efectivamente.

¿Cuántas clases de oración hay?

La oración ferviente o clamor (Santiago 5:16, Jeremías 33:3), orar en el Espíritu (1 Corintios 14:15), la oración de fe (Santiago 5:15), el poder del acuerdo (Mateo 18:19), la de acción de gracias (Filipenses 4:6), la oración de adoración (Hechos 13:2-3), la oración de imprecación, las oraciones imprecatorias se encuentran en los Salmos, son para pedir el juicio de Dios sobre la gente que hace mal.

La oración de consagración.

Esta oración es la más importante que debemos practicar, ya que es la que hacemos cuando reconocemos que los planes de nuestro Padre Celestial son más altos y sublimes que los nuestros, ahí es donde nuestro ego mengua, donde nos presentamos en humildad como hijos obedientes ante Dios, dispuestos a vivir como Él lo desee, de esta manera ajustamos nuestra vida a sus planes, y es cuando sus propósitos pueden sernos revelados para poder caminar bajo su voluntad, muy importante practicar esta oración cada vez que le pedimos algo a Dios, pero aún no sabemos qué piensa Él.

¿Cómo no debe ser la oración?

También es importante saber qué está mal, para poder discernir si estamos en lo correcto, y pudiéramos estar orando mal, y tal vez por lo mismo no alcanzamos las bendiciones de Dios. Aquí algunos puntos importantes sobre lo que no debemos hacer cuando oramos:

1. No podemos orar para ser vistos: Y cuando ores, no seas como los hipócritas; porque ellos aman el orar en pie en las sinagogas y en las esquinas de las calles, para ser vistos de los hombres; de cierto os digo que ya tienen su recompensa (Mateo 6:5).

2. No orar si no sabemos lo que estamos diciendo: Algunas veces hay personas que oran solo porque oyen a otros decir esas palabras, pero ellos mismos no saben lo que significan, también hay personas que rezan, y no oran, rezar es decir siempre las mismas palabras cada vez que intentamos orar, como una "fórmula secreta" pero eso tampoco es escuchado por Dios: Y orando, no uséis vanas repeticiones, como los gentiles, que piensan que por su palabrería serán oídos (Mateo 6:7). Si no que debemos aprender a orar del corazón, tomando la oración ejemplar como guía, pero expresándonos con nuestras propias palabras.

3. Orar sin fe: Increíblemente a veces oramos, pero ni creemos que lo vamos a recibir, ¿Y sabes que pasa? No lo recibimos (Hebreos 11:6)

Aunque el mismo Dios quiera hacer tu milagro no podrá obrar en tu vida si tú no crees en Él (Marcos 6:5-6).

La oración guiada por el Espíritu Santo

Y de igual manera el Espíritu nos ayuda en nuestra debilidad; pues qué hemos de pedir como conviene, no lo sabemos, pero el Espíritu mismo intercede por nosotros con gemidos indecibles. Más el que escudriña los corazones sabe cuál es la intención del Espíritu, porque conforme a la voluntad de Dios intercede por los santos (Romanos 8:26-27). Cuando oramos bajo la voluntad de Dios oramos en el Espíritu, oramos conscientemente inconsciente, es decir, oramos correctamente, pero comenzamos a pedir todo lo que el Espíritu de Dios comienza a revelarnos, que es lo que Él mismo desea para nosotros, esto sucede cuando nuestro corazón está en sumisión y obediencia absoluta al Padre, cuando estamos dispuestos a hacer cualquier cosa que Dios nos pida, es importantísimo mantenernos pidiendo siempre en el Espíritu porque así estaremos seguros de que siempre oraremos correctamente.

Sumergirnos en su presencia, es una cita especial y hermosa, un momento de manifestación gloriosa del Espíritu Santo donde; adoramos, agradecemos, nos humillamos y podemos recibir la revelación de Dios para nuestras vidas, e incluso para bendecir la vida de otros.

Orar bajo la voluntad de Dios

Podemos comprender que la oración es algo espontáneo e íntimo, no es egoísta, pero debe ser hecho enérgicamente y con fe, que debe practicarse con un corazón con sinceridad y pasión auténtica, ya que estamos hablando con alguien a quien no le podemos ocultar nada, por lo mismo la honestidad y entrega deben ser reales, sin doble intención, ni propósitos oscuros.

Y esta es la confianza que tenemos en Él, que si pedimos alguna cosa conforme a su voluntad, Él nos oye (1 Juan 5:14), Pedir bajo la voluntad de Dios nos asegura que nuestra petición será exitosa, a veces perdemos tiempo de nuestra vida pidiendo cosas las cuales Dios no desea, y esto solo trae frustración, angustia, desesperación y fracaso, por eso es importante ceder ante lo que Dios desea sabiendo que su voluntad es siempre agradable y perfecta para nosotros (Romanos 12:2). Orar pidiendo que su voluntad sea sobre nosotros no es algo opcional, sino que es una parte esencial de la oración con la estructura correcta, la que Jesús enseñó, con un corazón que conforme al corazón de Dios. Venga tu reino. Hágase tu voluntad, como en el cielo, así también en la tierra (Mateo 6:10).

Dedíquense a la oración: perseveren en ella con agradecimiento. (Colosenses 4:2). Cuando oramos tenemos que agradecer, aunque aún no hemos recibido, porque esto es una manifestación de fe genuina, de que verdaderamente creemos; Porque ya estamos agradeciendo lo que creemos que al tiempo de Dios vamos a recibir.

Por último y no menos importante es saber que Dios no oye a cualquier persona, sino a gente que le teme y está dispuesta a vivir bajo su voluntad; Y sabemos que Dios no oye a los pecadores; pero si alguno es temeroso de Dios, y hace su voluntad, a ese oye (Juan 9:31).

Oración de Fe

Mi Padre bueno, confío en que tus planes siempre son mejores que los míos, si tú no me guías nunca podré cumplir tu propósito, enséñame cada día a poder orar conforme a tu voluntad, a permitir que tu Espíritu Santo mi guíe en oración y me revele tus planes, quiero crecer en el ejercicio de la oración, toma tú el control de mis oraciones, ¡Gracias porque siempre estás ahí!. Te lo pido en el nombre de Jesús, ¡Amén!

DÍA 15
Vivir en gozo es parte de su voluntad

Estad siempre gozosos. Orad sin cesar. Dad gracias en todo, porque esta es la voluntad de Dios para con vosotros en Cristo Jesús. 1 Tesalonicenses 5:16-18

El gozo y la gratitud están revelados en estos versos de la Biblia como parte de la voluntad de Dios para nosotros, son plasmados al mismo tiempo en este pasaje en el que se menciona la oración, imagínate la importancia de los mismos. El mundo está lleno de tristezas, falsedad, dolor, traición, enfermedad, odio, soledad, fracasos, rechazo, perdidas, y un cien número de vivencias que constantemente influyen en nuestras mentes y corazones, y si no sabemos enfrentarlas podrían destruirnos, sin embargo Dios nos pide que vivamos en gozo a pesar de todo esto y agradecidos, aunque lo que vivamos sea malo.

Como cristianos tenemos muchas razones para estar gozosos, pero hay que aceptar que aún seguimos en este mundo, y aquí también hay muchas razones por las cuales podríamos ser fácilmente seducidos a caer en la depresión, ¿Cómo podemos entonces permanecer en gozo? Y ¿Como permanecer en gratitud en medio de este mundo lleno de tragedias, y algunas veces la mayoría de las desdichas que vivimos son inesperadas, como reaccionar y permanecer en gozo ante estas situaciones, ¿Como agradecer cuando lo que vivimos no nos agrada?.

Cuando no sabemos la manera correcta de como reaccionar cuando nos encontramos en esas situaciones desagradables podemos encontrarnos en un callejón incómodo, llamado depresión; La depresión puede ser por causas espirituales, o biológicas, y puede ser también una combinación de ambos componentes; Ya que el cuerpo y el alma están entrelazados. La depresión aumenta la influencia de la mente caída en nosotros, y sale a flote un corazón más duro, egocéntrico, y lleno de dudas.

El corazón es engañoso (Jeremías 17:9). Y nos hace creer que esto que vivimos nunca se irá, que los problemas son más grandes que las promesas de Dios, a su vez las heridas y el dolor deterioran nuestra fe. Como resultado, perdemos de vista que este mundo no es nuestro destino final, y en vez de eso recordar y buscar las razones, y actitudes que necesitamos tomar para poder continuar y cumplir el propósito de Dios para nuestras vidas.

La depresión es lo contrario al gozo, nace de la carne y afecta a nuestra alma y espíritu. Es un estado emocional de tristeza constante que afecta, no solo a nuestra mente y corazón sino que incluso a nuestro cuerpo. Sabemos que hay que conocer al enemigo para identificar sus debilidades y así saber como luchar contra él.

Cuando pasamos por depresión sentimos mucha soledad, vemos a todos más felices y afortunados que nosotros, y nos convencemos de que todos están bien menos nosotros, que somos desdichados y que no hay salida para nuestra situación, que no importando que tanto nos esforcemos no podremos salir de ese hoyo de desesperación, angustia, dolor y desasosiego.

En la Biblia podemos encontrar una historia fascinante sobre uno de los más famosos y poderosos profetas que hayan existido, pero a pesar de todo ese respaldo de Dios que tenía para el cumplimiento de su propósito, este hombre se encontró en un momento de su vida con una depresión terrible, destructiva, pero a pesar de todo esto, el Espíritu Santo no le dejo solo, estuvo ahí durante todo su proceso, y le enseño a superarlo, y de esta misma manera nos ayuda a nosotros hoy en día. Analicemos esta fascinante historia del profeta Elías, y veamos como Dios lo rescato de la depresión.

La depresión del profeta Elías

El relato bíblico de 1 Reyes 19:3-18 narra la experiencia de abatimiento y desánimo en la que se encontraba el profeta Elías después de todo lo que sucedió en el Monte Carmelo. Después de una gran victoria ante el espíritu de idolatría, Elías calló en una terrible depresión; Llena de miedo y duda. Elías se deprimió por un desgaste tremendo de sus energías, tenía un estrés intenso y esto lo llevó al agotamiento tanto emocional como físico. Tenía cansancio y la fatiga acumulada. Analicemos las señales de depresión que podemos encontrar en este pasaje, ya que el profeta Elías tenía todas las características de alguien con depresión:

Aislamiento: Alejándose de la gente yendo al desierto, y encierro en sí mismo.

Estado de ánimo triste: Es evidente y lo podemos notar gracia a su actitud, sobre todo por lo que decía, con palabras quejosas, estaba cansado y tenía ganas de morir.

Habían menguado sus fuerzas: No tenía ningún interés de hacer nada, se fue al desierto sin su ayudante, evadiendo cualquier tipo de responsabilidad, actividad y labor. Tenía pérdida de energía, Se evidencia en sus ansias de descanso, y como recuperó las fuerzas al comer.

Se menospreciaba a sí mismo: Pérdida de autoestima. Elías cuando no estaba en depresión era un hombre vigoroso y osado. Enfrentó al rey y a los 450 profetas de Baal y Astarté.

Se la pasaba dormido.

Se quejaba amargamente por lo que estaba viviendo: Sentía que no tenía nada más que hacer que esconderse, porque ya no había solución a su problema, sentía que necesitaba ayuda de otros y que esas personas no estaban ahí, por ideas de ser el único que padecía ese mal.

Pensamientos obsesivos: su capacidad para concentrarse y tomar decisiones estaba disminuida, y solo repetía las mismas palabras cuando Dios le pregunta qué estaba haciendo en la cueva, como si fueran una razón suficiente para estar estático; 1 Reyes 19:10 y 14 Son exactamente iguales:

10 Él respondió: He sentido un vivo celo por Jehová Dios de los ejércitos; porque los hijos de Israel han dejado tu pacto, han derribado tus altares, y han matado a espada a tus profetas; y solo yo he quedado, y me buscan para quitarme la vida.

14 Él respondió: He sentido un vivo celo por Jehová Dios de los ejércitos; porque los hijos de Israel han dejado tu pacto, han derribado tus altares, y han matado a espada a tus profetas; y solo yo he quedado, y me buscan para quitarme la vida.

8. Tenía pensamientos recurrentes de muerte: Quiere morir e insiste en la idea de muerte en la cueva, y de temor a la muerte; Huye porque teme la persecución de Jezabel.

Elías estaba en una depresión fuerte, y no se debió a su falta de fe, tampoco a que Dios se haya hecho ausente, o le haya abandonado, Ya que hay una gran evidencia de la estrecha relación con Dios en todo el pasaje, Dios tampoco regaña a Elías, todo lo contrario, lo anima, ayuda y acompaña para superar esa condición emocional que estaba atravesando, como el consolador por excelencia que es.

Nuestro Dios es un padre compasivo y amoroso, sabe que como humanos no somos perfectos y que estamos susceptibles a los ataques del enemigo; El espíritu de depresión vino a la vida de Elías porque quería detenerlo, estacionarlo para hacerlo obsoleto e inútil para el propósito de Dios, El Señor lo animó, y Elías se levantó a terminar de cumplir la voluntad de Dios para su vida.

Cuando corremos a los brazos de nuestro Padre, Dios trata personal e íntimamente con la depresión; Y me hizo sacar del pozo de la desesperación, del lodo cenagoso; Puso mis pies sobre peña, y enderezó mis pasos. (Salmos 40:2). Veamos este verso en acción:

1ero - La fisioterapia psicológica:

1. Fitoterapia: Describe el relato que un ángel le preparó la comida. Parece una dieta sencilla y sana, ya que menciona, por lo menos una vez, pan cocinado al fuego y agua. La dieta juega un rol importante en el tratamiento de la depresión en el ámbito del cuerpo físico.

2. Terapia del sueño: Dios hace descansar a Elías, permitiendo que duerma y recupere las energías consumidas.

3. Ejercicio, actividad física: Este es otro componente importante en la sanidad de Elías, Dios le ordena una actividad aeróbica, caminatas durante cuarenta días.

2do - La Psicoterapia:

1- Pregunta reflexiva: Activa intencionalmente a la reflexión. Dios le preguntó intencionalmente: ¿Qué haces aquí, Elías? Hay diferentes tipos de preguntas reflexivas. Y la intensión de Dios era crear un nuevo ambiente donde Elías pudiera analizar la situación y descubrir cosas que no se había dado cuenta antes. En conclusión, Dios estaba evidenciando los temores del profeta y exhortándolo a cumplir su llamado.

2- Lenguaje metafórico: Dios utilizó la metáfora para comunicarse con Elías, le hablo en su propio idioma profético, utilizó fenómenos naturales poderosos y destructivos: huracán, terremoto, fuego y un cuarto fenómeno, suave y delicado, un silbo apacible. De esta manera Dios enseñó a Elías que no es siempre la mayor fuerza la que tiene más éxito para cumplir su propósito, esta era la forma en que el profeta pensaba.

Dios estaba cambiando el corazón de Elías, y mediante estas tres formas naturales potentes, si las interpretamos proféticamente, representaran etapas de la historia de la vida de Elías, y que ahora Dios le trazaba una etapa más apacible para él, para que entendiera que debía de cambiar para poder continuar y terminar de cumplir su llamado.

Dios le traza el camino hacia su propósito: Recordándole de esta forma su identidad de profeta: Dios le da nuevas metas a cumplir. Hasta ese momento Elías había realizado una tarea tremenda, de lucha contra el espíritu de idolatría, pero ahora debía convertirse en líder espiritual y tutor. De ahí en adelante Elías se dedicó a organizar las escuelas devastadas, erigiendo tres centros de educación en lugares estratégicos de Israel, Gilgal, Bet-el y Jericó. De ahí en adelante empezó la etapa del silbo apacible, siendo un maestro, en lugar de ser la voz clamando en el desierto.

Dios le ordena cambiar la actitud de derrota: Sal fuera. Esta orden tiene un alcance que va más allá de simplemente salir de la cueva. También es una orden a abandonar esa actitud evasiva y aislada para retomar su destino como profeta. De último le da otra orden: Vuélvete por tu camino, es decir: Recupera tu misión.

No nos sorprendamos si en alguna ocasión nos encontramos con la depresión y Dios nos hable de esta misma forma en la que le habló a Elías, muchos tal vez pensarían que Dios ministraría a Elías de una forma más delicada, tal vez le pasaría la mano por la cabeza, y le dijera: Es cierto hijo, tienes la razón, quédate ahí un ratito más y luego vemos que hacemos, pero no, Dios no hace eso, porque sabe que el ser humano solo se enterraría más en la depresión y esta tomaría demasiada autoridad y podría ser destructiva.

Hay una tristeza que viene a nuestra vida de parte del Espíritu Santo y no la podemos confundir con la depresión, esta tristeza viene cuando hemos pecado, y la solución es arrepentirnos; Porque la tristeza que es según Dios produce arrepentimiento para salvación, de que no hay que arrepentirse; pero la tristeza del mundo produce muerte (2 Corintios 7:10).

Esa tristeza es un llamado de Dios para volvernos al redil y sanarnos, porque el pecado nos esclaviza y nos separa de Dios. Vengan, volvamos al Señor. Pues Él nos ha desgarrado, pero nos sanará; nos ha herido, pero nos vendará (Oseas 6:1).

Mientras que la depresión es mucho peor, porque es un ataque estratégico del diablo a la mente del ser humano, y mientras más rápido reaccionamos y escapamos es mejor. Por lo mismo Dios le dice; Espabílate, levántate y cumple tu llamado.

¿Qué es el gozo en Cristo?

El gozo es más que un sentimiento, es un principio cristiano, parte importante de la estructura de la mente de Cristo, es decir que no es solo externo, sino algo que nace en el interior del corazón del cristiano, rebosa la copa de nuestras vidas, se manifiesta al exterior y se nota.

El gozo es una parte del fruto del Espíritu Santo, Gálatas 5:22-23, esto quiere decir que a medida que una persona va viviendo más en el Espíritu, ira manifestando más este fruto. Lo contrario al gozo son la tristeza, la depresión y la amargura.

El beneficio de vivir en gozo.

A- El gozo te da fuerzas espirituales y naturales: La depresión ocasiona un desgaste mental y fisiológico, sin embargo la mejor arma para luchar en contra de la depresión es el gozo del Señor; Luego Nehemías añadió: Ya pueden irse. Coman bien, tomen bebidas dulces y compartan su comida con quienes no tengan nada, porque este día ha sido consagrado a nuestro Señor. No estén tristes, pues el gozo del Señor es nuestra fortaleza. (Nehemías 8:10). Lo que nos da la fuerza para poder liberarnos de la depresión es el gozo de Cristo, y de esta manera seguir adelante a pesar de las dificultades.

B- El gozo te da belleza: El corazón alegre hermosea el rostro; Más por el dolor del corazón el espíritu se abate. (Proverbios 15:13), el gozo del Señor nos hermosea, y de hecho es un hecho científicamente comprobado que mientras más sonreímos y reímos nos mantenemos más jóvenes, debido a que los gestos que nacen de un corazón triste, enojado, afligido, resentido, etcétera, también tienen consecuencias negativas para el rostro. Por ejemplo, las personas que están enojadas tienden a fruncir el ceño y esto provoca arrugas verticales en el entrecejo.

C- Somos más efectivos cuando somos felices: La felicidad inunda al cerebro con dopamina y serotonina, químicos que son encargados no solo de hacernos sentir bien, sino que acentúan los centros de aprendizaje del cerebro, por lo tanto el gozo de Cristo puede aumentar nuestro desempeño en cualquier labor.

D- Vivir en el gozo de Cristo puede librarnos de la enfermedad: El corazón alegre constituye buen remedio; Más el espíritu triste seca los huesos. Proverbios 17:22; Mientras más nos mantenemos en gozo, más lejos estaremos de la tristeza, la cual produce enfermedad.

¿Cómo vivir en gozo?

1- Poniendo la mirada en Cristo:

Fijemos la mirada en Jesús, el iniciador y perfeccionador de nuestra fe, quién, por el gozo que le esperaba, soportó la cruz, menospreciando la vergüenza que ella significaba, y ahora está sentado a la derecha del trono de Dios (Hebreos 12:2). El gozo que Jesús iba a experimentar no sería completo en su presente natural, sino que Él hizo todo lo que hizo por nosotros y por cumplir la voluntad de su padre, ya que Él sabía que en cierto momento disfrutaría de la victoria completa. De igual manera nosotros tenemos que entender que todas las experiencias que vivimos tendrán una repercusión eterna dependiendo de nuestras decisiones, y debemos tomar las decisiones correctas así como Cristo lo hizo, esto producirá un gozo que nos fortalecerá, sabiendo que a veces duele hacer lo correcto, pero que en la eternidad con Dios, nuestro gozo será completo.

2- Manteniendo una buena relación con el Espíritu Santo:

VIVIENDO BAJO LA VOLUNTAD DE DIOS

El gozo presente, que nace del Espíritu, nos ayuda a tener las fuerzas suficientes para soportar las adversidades, teniendo la vista en lo eterno, y no lo terrenal. Entonces para poder soportarlo todo por amor a Cristo, debemos mantener una relación sincera y estrecha con el Espíritu Santo, para que su fruto se manifieste en nosotros, y el gozo nunca nos falte; Que el Dios de la esperanza los llene de toda alegría y paz a ustedes que creen en Él, para que rebosen de esperanza por el poder del Espíritu Santo. (Romanos 15:13).

A veces nos encontramos igual que el profeta Elías, sin fuerzas para continuar, desanimados, y llenos de tristeza, Pero es la voluntad de Dios que aprendamos a practicar y vivir en gozo constante, a veces tenemos razones suficientes para estar tristes y/o deprimidos, pero lo malo no es caer, sino nunca levantarse, Agradezcamos a Dios por todo lo que vivimos, sea bueno o sea malo, nosotros amamos a Dios, y dice su palabra que: Y sabemos que a los que aman a Dios, todas las cosas les ayudan a bien, esto es, a los que conforme a su propósito son llamados. (Romanos 8:28).

Dios no se molesta si en algún momento no tenemos el ánimo para estar en gozo, pero no podemos permanecer ahí, tenemos que levantar nuestra mirada y agradecer por todo, y así como Cristo ser valientes para cumplir nuestro llamado, ya que nadie logra nada derrotados en el suelo, para poder mantenernos constantes en el propósito de Dios necesitamos vivir una vida en gozo constante, por eso dice en 1 Tesalonicenses 5:16 dice: Estad siempre gozosos..., ya que sin el gozo no podríamos permanecer firmes.

Oración De Compromiso

Mi Padre perdonador y restaurador, me presento ante ti reconociendo que necesito aprender a salir de la depresión, tristeza, angustia y la desesperanza, he comprendido que de esa manera nunca podré alcanzar a cumplir el llamado que tú escogiste para mí, enséñame a superar los obstáculos y permanecer en gozo y gratitud, confío en ti, y el poder de tu Espíritu Santo. ¡Gracias!. En el nombre de Jesús, ¡Amén!

DÍA 16
La santificación

Como aquel que os llamó es santo, sed también vosotros santos en toda vuestra manera de vivir; porque escrito está: Sed santos, porque yo soy santo. 1 Pedro 1:15 y 16

Es la voluntad de Dios que la búsqueda de la santificación sea parte de la vida cristiana normal. La santificación es otro de los temas que en estas últimas décadas lo han ido corrompiendo, su interpretación ha llegado a extremos tormentosamente desastrosos y vergonzosos para el bienestar del evangelio, por culpa de malas interpretaciones de pasajes bíblicos, y colaciones de las influencias de malas costumbres mundanas y desobediencias a la palabra de Dios, hay una gran confusión sobre este tema; Esta es una de las causas por las cuales hay tanta división en el cuerpo global de Cristo, ya que hay muchos modelos distintos sobre la santidad que enseña la Biblia.

Dice la Biblia que: Dios no nos llamó a la impureza, sino a la santidad (1 Tesalonicenses 4:7). En muchas congregaciones "modernas" ya ni siquiera se habla de este tema, lo evitan a propósito, sin embargo los que estudian la palabra de Dios ya saben las causas por las cuales vivimos estas consecuencias, y es algo que esta muy mal, ya que la santidad es una pieza importantísima de la enseñanza fundamental del cristianismo, es parte de lo que forma nuestra identidad como pueblo de Dios; Es básicamente de lo que se trata la vida normal de un cristiano, muy importante conocer, entender, aprender y practicarla cada día.

Santidad es ser consagrado para agradar a Dios, apartarse de cometer pecado intencionalmente; Todo aquel que se dice ser pueblo de Dios tiene el deber de santificarse, la palabra de Dios dice en Levíticos 20:26; Sed santos porque yo soy santo, y este mismo versículo es usado por Pedro en 1 Pedro 1:15.

La santidad es enseñada a través de numerosos versículos en todo el nuevo y antiguo testamento, de hecho la santidad es parte esencial de la doctrina cristiana, y es fundamental para la enseñanza inicial del nuevo convertido, y debe mantenerse constantemente siendo recordada por medio de la predicación y enseñanzas durante toda la vida, ya que es una práctica del diario vivir cristiano normal.

Los dos aspectos de la santidad

Existen dos aspectos sobre la santidad, debemos distinguirlos para poder enseñarlos y practicarlos, La santidad del cuerpo y la santidad del espíritu; Es decir, la santidad del exterior y la del interior, comparando un aspecto con el otro nos daremos cuenta de que no hay prioridad para ninguno en especial, ya que no hay uno más importante que el otro, pero si la veracidad de uno de estos aspectos de la santidad depende de la sinceridad y autenticidad del otro, y eso lo entenderemos mejor más adelante.

Como tenemos estas promesas, queridos hermanos, purifiquémonos de todo lo que contamina el cuerpo y el espíritu, para completar en el temor de Dios la obra de nuestra santificación (2 Corintios 7:1), este versículo deja más que claro que la purificación no es solo interna o externa, sino que es un objetivo compuesto por ambos aspectos. Hablemos individualmente sobre cada uno para así poder terminar de explicar como trabajan juntos:

La Santidad exterior o del cuerpo:

La santidad exterior es actuar de una manera digna de un hijo de Dios, actuar como Cristo lo haría y no como alguien que aún no conoce de Cristo. Todo el capítulo 5 de la carta a los Efesios es un vivo ejemplo de enseñanza sobre este aspecto de la santidad, cabe destacar que no es el único versículo que nos enseña sobre este aspecto. Dios en Efesios 5 nos enseña mucho sobre como ser santos por medio de nuestra manera de actuar, por ejemplo nos dice que debemos; Apartarnos de la inmoralidad sexual, de la inmundicia, no hablar palabras deshonestas, ni necedades, ni truhanerías, no practicar obras infructuosas, controlar nuestro propio cuerpo.

También en otros pasajes de la Biblia habla sobre controlar lo que hablamos; Chisme, murmuración, mentira, controlar la lengua. Prácticamente la santidad exterior se refiere a todo lo que hacemos con nuestro cuerpo, todo lo que se manifiesta exteriormente que pueda ser pecaminoso, es decir, que pueda ofender o dañar a alguna persona, incluyendo a Dios. Muchas de las obras de la carne mencionadas en Gálatas 5 también son contrarias a la santidad del cuerpo; Como la borrachera (La cual no solo se refiere al alcohol, sino que incluye también el uso de cualquier tipo de drogas, y también el cigarro y los medicamentos de uso controlado sin medicación real).

Hay muchos que cuando predican a la santidad exterior incluyen también lo que es la manera de vestir, no está mal, sin embargo algunas veces le dan demasiado énfasis a esto en particular, pero lo que la palabra de Dios nos enseña es lo siguiente: En 1 Timoteo 3:2 dice que el ministro de Dios debe ser decoroso, etimológicamente la palabra decoroso se traduce como ordenado, este orden incluye también la manera de vestir, es decir que debe vestir en orden, aprender a vestir para la ocasión en la cual se encuentra, de la misma manera también se habla en 1 Timoteo 2:9-10 sobre la vestimenta de la mujer cristiana, explicando con lo que dice que la apariencia externa no es lo más importante de una mujer, pero la vestimenta sí debe ser recatada, y al igual que la del hombre, y según sean las posibilidades, adecuado para cada ocasión en la que se encuentre.

Cabe destacar que en ningún momento los versículos especifican algún estilo de ropa, moda o color, solo dice por ejemplo que debe ser modesto, es decir, este término se refiere a que queda a consideración subjetiva de la sociedad en la que se encuentre, por ejemplo no es lo mismo el concepto de vestir modesto en algunas regiones de África o la Selva Amazónica, que el vestir decoroso en la región del Himalaya, o en algún país de Europa, Asia, Latinoamérica o Estados Unidos, ya que el concepto de formalidad y decoro de la vestimenta varía según el país, ciudad, incluso familia, entonces aquí no se refiere a un tipo de vestimenta en específico, sino en analizar el ambiente en el que nos encontramos y vestir lo más pudoroso, adecuado y recatado que sea aceptable para las personas con las cuales estaremos rodeados, que no sea sensual, ni vergonzoso, es decir, que no nos sintamos tampoco nosotros incómodos con la ropa o accesorios que estemos usando.

La actitud de ustedes debe ser como la de Cristo Jesús (Filipenses 2:5) La santidad exterior es cuestión de actitudes y acciones, nuestra manera de conducirnos en este mundo debe reflejar esa misma imagen exterior con la que Jesús andaba.

Santidad interior o santidad espiritual

La santidad interior es esa santidad que solo Dios puede juzgar, ya que por obvias razones nadie más la puede ver; Es la santidad de nuestros pensamientos, emociones y sentimientos; Podemos mostrar al mundo una apariencia externa de santidad que supuestamente proviene de nuestro interior, sin embargo esta podría ser solo la apariencia de piedad; Como dice en 2 Timoteo 3:5, y no una santidad genuina y completa.

Los fariseos y escribas estaban obsesionados con la santidad exterior, para ellos era lo más importante, se cuidaban tanto con todo lo que hacían que incluso Jesús los denunció diciendo que ellos eran hipócritas: ¡Ay de vosotros, escribas y fariseos, hipócritas! Porque limpiáis lo de fuera del vaso y del plato, pero por dentro estáis llenos de robo y de injusticia. ¡Fariseo ciego! Limpia primero lo de dentro del vaso y del plato, para que también lo de fuera sea limpio.

¡Ay de vosotros, escribas y fariseos, hipócritas! Porque sois semejantes a sepulcros blanqueados, que por fuera, a la verdad, se muestran hermosos, más por dentro están llenos de huesos de muertos y de toda inmundicia. Así también vosotros por fuera, a la verdad, os mostráis justos a los hombres, pero por dentro estáis llenos de hipocresía e iniquidad (Mateo 23:25-28) ¡Qué terrible declaración!; Eran ladrones, injustos, contaminados del corazón, estaban muertos espiritualmente, inmundos espirituales, hipócritas y llevaban iniquidad en su corazón; Sin embargo a pesar de ser así ellos se creían más santos que todos los demás, y se la pasaban juzgando a otros, pero Dios que conoce los corazones evidenció todo lo que verdaderamente eran, eran simplemente apariencia de santidad, santidad meramente externa pero no en su esencia.

Cuando nos preocupamos más por lo que otros ven y no lo que Dios ve, podríamos caer fácilmente en la misma situación en la que se encontraban los escribas y fariseos, ya que ellos solo se preocupaban por lo que el hombre podía ver en ellos y no lo que Dios miraba en el interior de sus corazones. Cuando nos santificamos interiormente comenzamos a autocriticarnos y a sincerarnos con Dios sobre nuestra condición de santidad interior, no nos importa juzgar a los demás, sino que cada día deseamos ir mejorándonos a nosotros mismos, y nos preguntamos de la siguiente manera: ¿Verdaderamente tengo un buen corazón? ¿O soy alguien egoísta que solo piensa en sí mismo y que no le importa el prójimo?, ¿Lo que hago externamente sale de un corazón amoroso, o de un corazón interesado que solo busca su propio bien?.

La mente de Cristo es una mente que ama al prójimo, una mente incapaz de hacer algo con el propósito de dañar, si no que más bien, cualquier cosa que hace, incluso corregir a su hijo lo hace con amor y por una buena causa, no pensando en sí mismo como el beneficiario único, sino con el propósito de ser bendición, por ejemplo: Y el Señor os haga crecer y abundar en amor unos para con otros y para con todos, como también lo hacemos nosotros para con vosotros, Para que sean afirmados vuestros corazones, irreprensibles en santidad delante de Dios nuestro Padre, en la venida de nuestro Señor Jesucristo con todos sus santos (1 Tesalonicenses 3:12 y 13)

La abundancia de amor en nosotros nos da crecimiento y afila nuestra santidad interior, a medida que practicamos el amor sincero al prójimo esto mismo nos irá encarrilando a mejorar nuestra santidad interior. La mente de Cristo no divaga en pecado, ni máquina maldad, es una mente santa y sana, que planea por medio de pensamientos de bendición, santidad, integridad y justicia, con el fin de buscar el bien común, y glorificar a Cristo con todas sus decisiones. Con respecto a la vida que antes llevaban, se les enseñó que debían quitarse el ropaje de la vieja naturaleza, la cual está corrompida por los deseos engañosos; ser renovados en la actitud de su mente; y ponerse el ropaje de la nueva naturaleza, creada a imagen de Dios, en verdadera justicia y santidad (Efesios 4:22-24).

Las personas que no son espirituales; Esa gente que vive complaciendo a la carne, no puede distinguir entre lo que es espiritual y lo que es carnal, ya que aún su mente no ha sido transformada; Pero el hombre natural no percibe las cosas que son del Espíritu de Dios, porque para él son locura, y no las puede entender, porque se han de discernir espiritualmente. En cambio el espiritual juzga todas las cosas; pero él no es juzgado de nadie. Porque ¿quién conoció la mente del Señor? ¿Quién le instruirá? Más nosotros tenemos la mente de Cristo (1 Corintios 2:14-16); Es decir que el que es espiritual, no piensa como un ser humano normal, sino que piensa como Cristo lo haría, ya que no vive para complacer a la carne sino al Espíritu, y ahí es donde radica la verdadera santidad interior, donde la mente ya no es la mente con estructura carnal y pecadora, sino la mente salvada, espiritual y santa.

Nosotros no tenemos la capacidad de determinar dicha pureza interior, solo Dios puede, sin embargo Él nos mostró el modelo ideal de como debe ser nuestro interior, y es la mente de Cristo.

El fruto de la santidad interior.

Lo único que resulta de enfocarse únicamente la santidad exterior es la hipocresía, ya que el interior está vacío y solo está untado por fuera, opuesto a esto es que cuando nos dedicamos a santificarnos desde el interior primero, esto ira evolucionando y brotando a nuestro exterior como un vaso que se rebosa cubriendo todo su exterior con el mismo contenido que tiene por dentro, por causa de que está lleno por completo.

Una santidad exterior genuina proviene de una santidad interior sincera. Encontramos estos ejemplos de Jesús explicando la santidad interior: Oísteis que fue dicho a los antiguos: No matarás; y cualquiera que mataré será culpable de juicio. Pero yo os digo que cualquiera que se enoje contra su hermano, será culpable de juicio; y cualquiera que diga: Necio, a su hermano, será culpable ante el concilio; y cualquiera que le diga: Fatuo, quedará expuesto al infierno de fuego, Oísteis que fue dicho: No cometerás adulterio. Pero yo os digo que cualquiera que mira a una mujer para codiciarla, ya adulteró con ella en su corazón (Mateo 5:21-22, 27 -28). Primero se piensa y luego se comete el pecado.

Pero lo que sale de la boca, del corazón sale; y esto contamina al hombre. Porque del corazón salen los malos pensamientos, los homicidios, los adulterios, las fornicaciones, los hurtos, los falsos testimonios, las blasfemias. Estas cosas son las que contaminan al hombre; pero el comer con las manos sin lavar no contamina al hombre (Mateo 15:8); El pecado comienza en la mente y termina en la acción, el ser humano primero es seducido en la mente, pero la seducción del pecado no puede ser exitosa en alguien con la mente de Cristo, solo una mente carnal puede sucumbir ante la seducción del pecado, la mente de Cristo es pura y santa, ha aprendido a rechazar las propuestas del pecado, a no estar dormido espiritualmente, sino que es sobrio y vela constantemente porque ha aprendido a vencer a los ataques del diablo hacia nuestra carne (1 Pedro 5:8).

El ideal de santidad

Hay dos tendencias muy marcadas que existen hoy en día sobre la enseñanza de la santidad de la iglesia de Cristo, las cuales debemos tener muy en cuenta; El legalismo y la liberalidad. Cada tendencia predica más, o incluso en algunos casos, solo sobre uno de los dos aspectos de la santidad; Los legalistas predican más en que se vea manifiesta la santidad exteriormente, enfocándose más en la "Manera de vestir" y algunas prácticas de "Doctrinas humanas", y los liberales en la supuesta búsqueda de la santidad interior, a veces sin tomar en cuenta los pecados cometidos añadiendo la excusa de que están en un "Proceso de santificación…", ambos están mal, ya que la santidad es una combinación balanceada de los dos aspectos, tanto el exterior como el interior, y no podemos enfocar la predicación a uno solo de ellos, ni añadir cargas o malas interpretaciones a lo que ya está estipulado en la palabra, con cuestiones que son enseñanzas humanas, ya que no hay evidencia bíblica de esas prácticas, prohibiciones, o libertades en la Biblia, lamentablemente hay veces que los que predican quieren ajustar la predicación a lo que les agrada, pero no debe ser así, debemos verdaderamente hacer una buena exégesis profesional de las escrituras e interpretar con honestidad los pasajes de la palabra de Dios y predicarlos tal cual a como Dios habló.

Nadie es como el Señor

Por supuesto que gran parte de la vida cristiana es una búsqueda constante de santificarse, no metódicamente, pero si debe haber un esfuerzo activo por alcanzar la santidad a la medida de Cristo, sin embargo debemos de ser honestos y entender que la palabra de Dios también dice lo siguiente: Nadie es santo como el Señor; no hay roca como nuestro Dios. ¡No hay nadie como Él! (1 Samuel 2:2). Dios es el único que es completamente santo y que nadie jamás alcanzara ese nivel de santidad tan pura y perfecta. Pero esto no es excusa para que no nos esforcemos por santificarnos cada día más para agradarle, y poder reflejar verdaderamente la luz de Cristo en nuestras vidas.

Como alcanzar la santidad

Lograr una verdadera victoria en cuanto a la santidad exterior como la interior sería imposible de alcanzar si no es por medio del poder transformador del Espíritu Santo. El Espíritu Santo nos fortalece para poder vivir una vida conforme a la palabra de Dios; Conforme a la ley moral la cual nos santifica; ¿Con qué limpiará el joven su camino? Con guardar tu palabra (Salmo 119:9); Santifícalos en la verdad; tu palabra es la verdad (Juan 17:17).

Mantener una relación sincera y estable de amistad con Dios nos asegurará estar bajo su tutela y dirección, para poder ir conquistando el ser verdaderamente íntegros, y nos dará mucho mayor éxito en nuestra práctica de la santidad, saber que Él siempre está ahí, aunque otros no nos vean, aunque otros no escuchen nuestros pensamientos, y Él si los escucha, y saber que no queremos degradarle porque es nuestro amigo y Padre Celestial, y que no queremos decepcionarlo.

Espíritu Santo Examíname, oh Dios, y sondea mi corazón; ponme a prueba y sondea mis pensamientos. Fíjate si voy por mal camino, y guíame por el camino eterno (Salmo 139:23-24); Él es quien puede determinar si verdaderamente estamos viviendo en santidad o no, y es nuestro sincero deber el pedirle su apoyo constantemente para que nos ayude a mejorar y cambiar todo aquello que nos estorba para poder vivir como le agrada.

Inspirando a otros

En caso de que estés en una congregación donde no se hable o se hable muy poco sobre este tema, lo primero y más importante que debes hacer es orar para que sea revelado a los predicadores de la congregación, y si esta a tu alcance comentarles el recordar la importancia de hablar sobre este tema crucial para la iglesia, se debe hacer el comentario de manera muy humilde y amorosa, haciendo entender que no es presionar, pero que si es importante tomar en cuenta que hay que hablar sobre ello. Y sobre todo dar ejemplo con tu propia vida, porque de nada nos vale exigir que se hable sobre algo y nosotros mismos no ser ejemplo de ello.

La santidad es un ingrediente de la identidad cristiana

La búsqueda de la santificación es algo que no se puede tomar a la ligera; Sean ustedes santos, porque yo, el Señor, soy santo, y los he distinguido entre las demás naciones, para que sean míos (Levítico 20:26). La característica de un cristiano verdadero es la práctica de la santidad, es lo que nos distingue del mundo; El mundo corre al placer por medio del pecado, sin embargo nosotros procuramos vivir una vida que nos agrade, pero sin infringir la ley de Dios.

Procurar la santificación de nuestras vidas es lo que nos mantiene encarrilados en el camino de la salvación, si dejamos de santificarnos estamos abandonando el camino de la salvación; Pero ahora que han sido liberados del pecado y se han puesto al servicio de Dios, cosechan la santidad que conduce a la vida eterna (Romanos 6:22). Por lo tanto nunca descuidemos la santificación, oremos y permanezcamos buscando ser santificados en la práctica sincera de la palabra de Dios.

Oración De Compromiso

Mi Padre bueno, gracias por enseñarme sobre la santificación, deseo agradarte y cada día más apartarme del pecado, he entendido que necesito fortalecer mi amistad con tu Espíritu Santo, y es lo que más anhelo hacer, tengo mi corazón dispuesto para aprender de ti, y obedecer para poder ser santo así como tú también lo eres; Te pido que me ayudes a permanecer firme para poder estar preparado para la venida de Cristo, Te lo pido en el nombre de Jesús, ¡Amén!

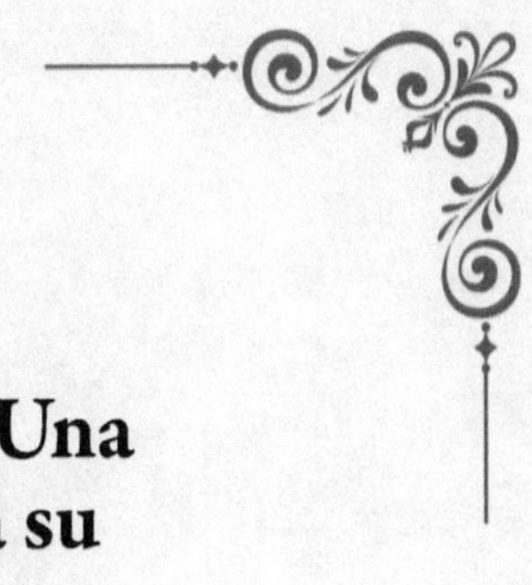

Quinta parte - Una entrega total a su voluntad

DÍA 17

El sufrimiento

Estas cosas os he hablado para que en mí tengáis paz. En el mundo tendréis aflicción; pero confiad, yo he vencido al mundo. Juan 16:33

El mundo es un sistema diseñado por el diablo y sus seguidores para corromper al ser humano, denigrarlo al punto de separarlo completamente de Dios. El mundo tiene su doctrina satánica de autocomplacencia y búsqueda de vivir en una supuesta "constante felicidad", una felicidad que se basa en alimentar los deseos de la carne, sin embargo esta felicidad tiene fecha de caducidad, y cuyos intereses son caros y con repercusiones eternas, los que estamos en Cristo estamos en este mundo físicamente, pero no pertenecemos a el, porque por medio de la salvación a través del sacrificio de Cristo hemos recibido la herencia de la ciudadanía del reino de los cielos, y llegará muy pronto el día del Señor donde seremos rescatados de este mundo.

Sin embargo aún seguimos aquí y todo aquel que ama al mundo nos odia, ya que así como Jesús dijo: El siervo no es mayor que su Señor (Juan 15:20), y así como odiaron a nuestro Señor a nosotros también nos odian, porque el mundo no ama a Dios, ni quiere nada con Él. Si fuerais del mundo, el mundo amaría lo suyo; pero porque no sois del mundo, antes yo os elegí del mundo, por eso el mundo os aborrece (Juan 15:19).

VIVIENDO BAJO LA VOLUNTAD DE DIOS

El mundo nos odia porque somos escogidos, porque somos distintos, porque intencionalmente vamos en contra de la corriente pecadora, somos contrarios en mente y cuerpo, en intenciones y acciones, y esto los confronta directa e indirectamente, porque aunque no lo admitan, saben que la manera en la que pensamos y actuamos es la correcta, pero ellos no quieren hacer lo mismo, aman al mundo y odian a Dios, y contrario a ello, nosotros odiamos al mundo y amamos a Dios, esto es un azote constante a sus mentes, les incomoda con el simple hecho de saber que ahí estamos. Esto activa inmediatamente una guerra en nuestra contra, tanto espiritual como natural, y el mundo que odia a Dios comienza a odiarnos a nosotros también.

El diablo y la gente que no aman a Dios comienzan a buscar la manera de hacernos daño, con el solo fin de manifestar su desacuerdo y pisotearnos, para así tratar de obtener una victoria, victoria ficticia y efímera, pero a ellos les complace su ego, y de esta manera quieren defender sus "ideales", para así sentirse que tienen la razón, la gente del mundo nunca controlará su odio hacia todo lo que es santo y justo, y eso debemos tenerlo siempre en cuenta para no caer en desánimo espiritual, tenemos que estar consientes de ello, y vivir con cautela, porque el enemigo no descansa, y constantemente está buscando la manera de hacernos caer en su trampa, ridiculizar al pueblo de Dios, para así apagar su luz y que no ilumine, o incluso volvernos a su oscuridad.

No crean que he venido a traer paz a la tierra. No vine a traer paz, sino espada. Porque he venido a poner en conflicto al hombre contra su padre, a la hija contra su madre, a la nuera contra su suegra; los enemigos de cada cual serán los de su propia familia. El que quiere a su padre o a su madre más que a mí no es digno de mí; el que quiere a su hijo o a su hija más que a mí no es digno de mí; y el que no toma su cruz y me sigue no es digno de mí. El que se aferre a su vida la perderá; y el que pierda su vida por mi causa la encontrará. (Mateo 10:34). Este pasaje de los evangelios es una de las declaraciones más imponentes que Jesús habló, el simple hecho de leerlo puede retorcer nuestras entrañas, porque es fuerte tener que dejar a quienes amamos, por ir en pos de nuestro primer y más importante amor, pero algunas veces tendremos que tomar decisiones como estas, a muchas personas tomar esta decisión les costó la vida, o les costó sufrir soledad, rechazo, ser ridiculizados, maltratos, atropellos, abuso y más, porque no siempre nuestra familia piensa igual que nosotros, pero debemos escoger entre lo eterno y lo mortal, entre Dios y nuestra familia.

El dolor de ser "La oveja negra" por vivir bajo la voluntad de Dios es una exigencia fuerte, porque verdaderamente amamos a nuestra familia y amigos, pero hemos decidido vivir por alguien que supera a todo y a todos. Vivir para Dios implica sufrimiento, porque es romper el molde del mundo en el que estábamos metidos, y escoger voluntariamente el molde de Dios, esto siempre traerá división, conflictos, y dolor.

La clasificación del sufrimiento

Antes de pasar al siguiente punto debo aclarar que existen dos caminos para llegar al sufrimiento; Porque mejor es que padezcáis haciendo el bien, si la voluntad de Dios así lo quiere, que haciendo el mal (1 Pedro 3:17); La primera clasificación del sufrimiento es por pecado, y la segunda por voluntad de Dios:

El sufrimiento que viene por pecado

Es cuando estamos sufriendo las consecuencias de haber quebrantado la ley de Dios, y este sufrimiento es peor y más potente cuando somos conocedores de la palabra; Hermanos míos, no os hagáis maestros muchos de vosotros, sabiendo que recibiremos mayor condenación (Santiago 3:1); y el segundo camino al sufrimiento es cuando sufrimos por causa de que Dios tiene un propósito en nuestras vidas a través del mismo.

La manera de identificar que clase de sufrimiento vivimos es determinando el camino que nos condujo allí, si estamos sufriendo porque pecamos o estamos sufriendo porque fuimos obedientes. Si sufrimos por causa de algún pecado lo único que nos queda hacer es arrepentirnos y cambiar verdaderamente nuestra manera de vivir, ya que el pecado siempre tendrá consecuencias, algunas lamentablemente serán permanentes, a veces Dios nunca quita esas consecuencias de nosotros para que no nos olvidemos de lo que hicimos y así no queramos volver a hacer eso jamás.

Hijo mío, no menosprecies la disciplina del Señor, Ni desmayes cuando eres reprendido por Él; Porque el Señor al que ama, disciplina, Y azota a todo el que recibe por hijo (Hebreos 12:5 y 6); Si somos verdaderamente hijos de Dios, Él nos disciplinará luego de haber pecado, pero el propósito de nuestro Padre Celestial con la disciplina no es destruirnos, sino lo que quiere es ayudarnos a cambiar y superar el pecado, porque si seguimos así terminaremos perdiendo nuestra salvación. El reto está en soportar la disciplina de Dios, como hijos obedientes debemos permanecer y aguantar la represión de parte de nuestro Padre porque si nos quedamos sin disciplina entonces no somos hijos realmente.

Es verdad que ninguna disciplina al presente parece ser causa de gozo, sino de tristeza; pero después da fruto apacible de justicia a los que en ella han sido ejercitados (Hebreos 12:11), nuestras acciones anteriores fueron injustas y por eso nuestro Padre Celestial nos disciplina, sin embargo, la disciplina del Señor dará fruto apacible de justicia si permitimos ser corregidos por Él.

El sufrimiento que es por voluntad de Dios

Este mucho más difícil de comprender e interpretar su propósito, ya que así como cada cabeza es un mundo, la voluntad de Dios es personalizada por cada individuo, y lo que Él está trabajando con cada uno de nosotros es distinto. Sin embargo la primera característica de alguien que está sufriendo por voluntad de Dios es que se pregunta; ¿Por qué?, pero no encuentra una respuesta, nos decimos: ¿Qué fue lo que hice para estar sufriendo de esta manera? ¿Por qué tengo que vivir esto si yo he sido fiel? Yo he sido buena persona y obediente, trato a todos bien, cumplo con la obediencia a la palabra y aun así estoy sufriendo. Incluso a veces vemos a la gente del mundo que está bien y se goza en la maldad y decimos: Como es posible que yo estoy sufriendo siendo alguien justo delante de Dios y este pecador esta feliz sin vivir ningún sufrimiento?.

Jesús dijo; De cierto, de cierto os digo, que vosotros lloraréis y lamentaréis, y el mundo se alegrará (Juan 16:20). Ellos no reciben corrección, ni castigo porque no son hijos de Dios, además tampoco están bajo el proceso de santificación que Dios está permitiéndonos atravesar, el sufrimiento que es bajo la voluntad de Dios muchas veces no tiene sentido ni razón aparente, pero esto no puede ser una excusa para desistir, debemos confiar y tener fe que Dios tiene un propósito mayor que nuestra imaginación, a veces nos explica y a veces no, pero lo que nunca nos debe fallar es la fe, de confiar que si somos verdaderamente justos ante Él. Dios utilizará todo para cambiarnos y hacernos mejores, luego de nuestro sufrimiento.

Si Dios nos está permitiendo sufrir por su causa es un privilegio, aunque por supuesto que al momento no sea algo agradable, más adelante este sufrimiento podría convertirse en tu mayor testimonio de vida; La mujer cuando da a luz, tiene dolor, porque ha llegado su hora; pero después que ha dado a luz un niño, ya no se acuerda de la angustia, por el gozo de que haya nacido un hombre en el mundo. También vosotros ahora tenéis tristeza; pero os volveré a ver, y se gozará vuestro corazón, y nadie os quitará vuestro gozo. En aquel día no me preguntaréis nada. De cierto, de cierto os digo, que todo cuanto pidiereis al Padre en mi nombre, os lo dará. (Juan 16:21-23). Dios tiene grandes planes con nosotros, nos va capacitando y preparando, pero cuando llega nuestra hora, así como la mujer que ya va a dar a luz, tendremos que pasar por un momento de sufrimiento, ya que a través del mismo es como podremos tener el resultado que Dios quiere manifestar a través de nuestras vidas.

A veces pensamos que el sufrimiento que vivimos por voluntad de Dios será eterno, y no es así, todo sufrimiento tiene fecha de caducidad, llegará el día cuando terminará la tristeza y el dolor, pero lo más importante que debemos saber es que traerá consigo recompensa y un fruto, ya que Dios cuando nos permite vivir sufrimiento es con un propósito, aunque no lo podamos ver tangible en el presente, Él está obrando, Dios dentro de su voluntad universal está trabajando algo más allá de lo que podamos imaginar, y lo que hoy es causa de sufrimiento, mañana agradecerás haberlo vivido.

El sufrimiento nos transforma

Bienaventurados los que lloran, porque ellos recibirán consolación. (Mateo 5:4). No llorarás para siempre, nuestra consolación viene en camino. Pero hay que entender que si Dios nos permite pasar por sufrimiento algunas veces es la única manera que Él tiene para trabajar con nuestro carácter; Para poder limar de nosotros esas asperezas que no nos permiten continuar en nuestro crecimiento espiritual, el sufrimiento más que nuestra destrucción, viene a ser la herramienta que Dios utiliza para moldearnos.

Si Dios sabe que hay en nosotros actitudes, pensamientos, y acciones que son un estorbo para que su voluntad sea cumplida en nosotros Él permitirá que vivamos el sufrimiento para así poder cambiarnos y estar a la medida del propósito divino para nosotros. Si vivimos sufrimiento solo debemos agradecer, no imponer nuestra voluntad, sino que ceder ante las manos del maestro, y que Él nos dé la forma que desea que tengamos.

El sufrimiento es señal de ser un escogido de Dios

Bienaventurados los que padecen persecución por causa de la justicia, porque de ellos es el reino de los cielos. Bienaventurados sois cuando por mi causa os vituperen y os persigan, y digan toda clase de mal contra vosotros, mintiendo. Gozaos y alegraos, porque vuestro galardón es grande en los cielos; pues así persiguieron a los profetas que fueron antes de vosotros (Mateo 5:10-12).

El sufrimiento también es una señal de ser un verdadero ungido de Dios; Cuando la gente que sirve consiente o inconscientemente al diablo sabe que eres un hijo de Dios, el enemigo los usa para atacarte y tratar de hacerte caer, así como lo hicieron con Jesús y con todos los siervos de Dios en un pasado: José, David, Elías, Job, los discípulos, los apóstoles, Esteban, y muchísimos más sufrieron persecución por causa de ser verdaderos hijos de Dios, El diablo sabe la unción que portaban y buscaba la manera de oprimirles para de esta forma tratar de hacerlos caer y ridiculizarlos, y si no podía por lo menos hacerles la vida imposible.

El diablo siembra envidia, celo, odio, y muchas más cosas en el corazón de la gente que no está en sintonía con Dios, solo con el propósito de que sean piedra de tropiezo en tu contra, pero no podemos caer en la trampa del enemigo, debemos orar y reprender esos espíritus demoníacos, pedirle a Dios sabiduría para saber como actuar. La traición de Judas preparó el camino de Cristo a cumplir su propósito, Padre, si quieres, pasa de mí esta copa; pero no se haga mi voluntad, sino la tuya (Lucas 22:42), la voluntad de Dios era que Jesús sufriera la traición de Judas, ya que sin ella Jesús nunca hubiera llegado a la cruz, así también puede pasar con nosotros, nuestro sufrimiento nos prepara para nuestro propósito, y a veces es exactamente nuestro propósito.

Sin sufrimiento no hay promoción

Dios permite nuestro sufrimiento porque es otro efectivo y poderoso camino para posicionarnos en un mayor crecimiento espiritual, por lo tanto no huyas de tu sufrimiento porque son tu crecimiento. ¿Cómo podríamos tener compasión de otros si nunca hemos vivido dolor? ¿Cómo podríamos aplicar correctamente la misericordia, o la compasión si nunca hemos sufrido?, solo alguien que ha sufrido actúa correctamente ante alguien que tiene la misma necesidad o parecida, nunca podrás ayudar efectivamente a alguien si no conoces el dolor que está sufriendo, por eso la gente que es más efectiva ayudando a otros son las personas que han atravesado las mismas circunstancias, y esta clase de personas son lo que pueden hacer un trabajo más efectivo.

VIVIENDO BAJO LA VOLUNTAD DE DIOS

Como podemos soportar el sufrimiento.

De ninguna manera podemos permitir ser doblegados por el sufrimiento, y en dado caso de haber resbalado o caer, debemos agarrarnos de las manos del Espíritu Santo y levantarnos, porque así como Jesús fue valiente y soportó todo el dolor por nosotros, también nosotros debemos ser valientes y luchar legítimamente por nuestra victoria; De modo que los que padecen según la voluntad de Dios, encomienden sus almas al fiel Creador, y hagan el bien (1 Pedro 4:19); debemos orar y pedirle a Dios que nos sostenga emocional, y mentalmente, practicar el bien, y a no vengarnos, ya que la venganza es de Dios (Romanos 12:19), ni hacer maldades porque somos hijos de luz no de tinieblas, actuar con justicia y también con sagacidad (Lucas 16:8) Porque ser justos no quiere decir que no seamos sabios y actuemos con cautela y con ventaja, mientas no pequemos no estamos haciendo mal.

La recompensa

Aunque el pecador haga mal cien veces, y prolongue sus días, con todo yo también sé que les irá bien a los que a Dios temen, los que temen ante su presencia; y que no le irá bien al impío, ni le serán prolongados los días, que son como sombra; por cuanto no teme delante de la presencia de Dios (Eclesiastés 8:12-14) No te preocupes por los malos, si no se arrepienten les llegara también su hora, pero Jesús dijo de nosotros: Y cualquiera que haya dejado casas, o hermanos, o hermanas, o padre, o madre, o mujer, o hijos, o tierras, por mi nombre, recibirá cien veces más, y heredará la vida eterna. Pero muchos primeros serán postreros, y postreros, primeros (Mateo 19: 29 y 30).

¿De qué Seremos recompensados?

Dios es galardonador de los que le buscan (Hebreos 11:6), y más de aquellos que estuvieron dispuestos a sufrir por mantener su nombre en alto. Ahora debemos de tener fe de que recibiremos la promesa, ya que sin fe es imposible agradarle (Hebreos 11:6) y sin fe firme no podemos recibir nada, debemos confiar verdaderamente en Dios y creer que si Él lo prometió, Él lo cumplirá (Hebreos 10:23).

Job es uno de los mayores ejemplos bíblicos sobre el sufrimiento, él era un hombre justo, sin embargo Dios le permitió vivir varias áreas del sufrimiento a la vez: La enfermedad, el fracaso, la pobreza, problemas matrimoniales, el silencio de Dios por un tiempo largo, el juicio injusto de sus amigos, la muerte de sus hijos, etcétera. El sufrimiento de Job fue tremendo y devastador, solo imagínate en que condición emocional, anímica, física y espiritual podría estar experimentando Job, fue una prueba terrible, muy intensa, pero a través de su sufrimiento podemos ver que Dios siempre estuvo ahí, nunca dejó solo a Job, Él lo estaba observando de cerca, y al final le extendió su mano, lo sano y le dio más de lo que tenía antes.

El sufrimiento de Job nos enseña muchísimas lecciones, y entre ellas destaca mucho esta; Debemos ser fieles a Dios en toda circunstancia, no importando lo que sea que Él nos esté permitiendo vivir, no podemos creer que es en vano, nuestro sufrimiento tiene un propósito eterno, que trasciende el entendimiento humano, por eso a veces es mejor no preguntar el porqué y solo confiar que nuestro Padre Celestial está preparando algo mejor para nosotros.

La luz de Cristo que está en nosotros debe permanecer encendida no importando la condición en la que nos encontremos, no podemos taparla, ni esconderla, debemos iluminar a todos, anunciar a Cristo en palabras y hechos. En aquel día no me preguntaréis nada. De cierto, de cierto os digo, que todo cuanto pidiereis al Padre en mi nombre, os lo dará (Juan 16:20-23).

Hay una promesa de tener acceso a recibir cualquier tipo de petición al Padre Celestial y Él nos la dará si permanecemos firme y fieles en medio de nuestro sufrimiento. Así que tenemos una promesa de recompensa a nuestra fidelidad, no menguemos en nuestros ánimos ni dudemos, porque todo nuestro sufrimiento tiene un propósito eterno de bendición y gloria, porque así como Cristo venció y se sentó a la diestra del Padre Celestial, así también nosotros venceremos y alcanzaremos nuestra bendición eterna.

Oración de Fe

Mi Dios Padre fiel, Ayúdame en medio de mi sufrimiento a permanecer firme, el enemigo ataca mi vida y quiere hacerme caer, pero yo quiero permanecer firme, ayúdame a discernir los planes del enemigo y a no permitir que me saque de tu voluntad, perdóname si te he fallado, recibo tu corrección, me comprometo de todo corazón a jamás volver a fallarte, de ahora en adelante quiero vivir para ti, y si tengo que sufrir por tu nombre lo haré con la cabeza en alto, porque sé que todo lo que hago por ti no es en vano. Te lo pido y agradezco en el nombre de Jesús, ¡Amén!

DÍA 18
Las pequeñas obras

Os haga aptos en toda obra buena para que hagáis su voluntad, haciendo Él en vosotros lo que es agradable delante de Él por Jesucristo; al cual sea la gloria por los siglos de los siglos. Amén.
Hebreos 13:21

A veces vemos a esos famosos hombres y mujeres de Dios, y nos decimos; Jamás llegaré a hacer algo como ellos, nos vemos pequeños en nuestros propios ojos, o decimos no tengo el tiempo para dedicarme a eso, tengo una familia que atender, no tengo las habilidades necesarias, etcétera.

Pensamos que Dios los escogió por su talento y/o habilidades especiales, o porque tal vez no tenían nada mejor que hacer, pero agradezco a mi Padre Celestial que a través del tiempo me ha permitido conocer a muchas personas de renombre en el ámbito cristiano; Pastores, Apóstoles, Profetas, Maestros y Evangelistas; Y cuando les pregunto sobre su historia y de como llegaron a lograr todo lo que han hecho todos sin excepción me han contestado que ha sido la voluntad de Dios.

Por supuesto también está el común denominador de que ellos eran muy esforzados y en comunión con Dios con el motivo de hacer algo especial, pero confiesan que por sus propios méritos nunca hubiese sido posible llegar a donde están, ya que sin el favor de Dios no hubieran podido hacer nada, las "Diosidencias" en sus anécdotas siempre son recurrentes; Dios hacia una cosita por aquí y otra por allá, y de repente abría grandes puertas para que sus ministerios siguieran creciendo y desarrollándose.

También he tenido el gran privilegio de estar con innumerables ministros poderosos de Dios, que tal vez no tengan un ministerio "Famoso" pero si poderoso y de gran importancia para el Reino de Dios, y he notado las mismas "Diosidencias" milagros y sucesos que son evidencias de que fue Dios quien metió su mano para que ocurrieran, entonces aquí es donde debemos entender que no se trata de lograr grandes hazañas a nivel de fama mundial, o de solo hacer trabajo anónimo, sino de estar en el lugar indicado, en el tiempo correcto, con el entrañable deseo y fe activa de hacer la voluntad de Dios.

El problema es que a veces se ha predicado mal, que la única evidencia de estar viviendo verdaderamente bajo el cumplimiento de la voluntad de Dios es simplemente; La del éxito tangible, visible y del momento, y no quiero que me malinterpreten, aquellos cristianos que son famosos sí pueden estar cumpliendo la voluntad de Dios, pero la fama o el éxito del ahora no es la única forma en la que podemos comprobar que estamos cumpliendo su voluntad en nuestras vidas, ya que como seres humanos que somos siempre queremos brillar, pero no todos seremos llamados a esto.

Esto no determina que tan importante eres para Dios, ya que para nuestro Padre Celestial nadie es insignificante, ni el famoso o el anónimo, para nuestro Padre todos somos importantes, malentender esto causa muchos conflictos, porque a veces pensamos que si no hemos logrado algo trascendental es porque Dios no ha estado con nosotros, sin embargo, Dios no nos llama a hacer solamente obras "magníficas" Él nos llama a hacer su voluntad.

Los pequeños esfuerzos

Cuando todos juntamos nuestros pequeños esfuerzos podemos hacer cosas grandes, las pequeñas obras a veces pueden ser las más importantes, ya que no se trata del protagonismo, sino del resultado total de todas las acciones del ejército de Dios en conjunto. La mejor manera de explicar esto es como cualquier aparato que podemos llegar a necesitar usar hoy en día; El aparato por ejemplo puede ser una televisión, y puede ser la mejor televisión del momento, con las mejores características y la tecnología más avanzada, pero si esta poderosa televisión no está conectada a la corriente eléctrica nunca funcionará correctamente, la corriente eléctrica es lo más común y sencillo que puede necesitar un aparato eléctrico, valga la redundancia, pero irónicamente es lo más importante para que pueda funcionar.

Todos y cada uno de los hombres y mujeres de Dios famosos y de trascendencia a pesar de portar en ellos el llamado de Dios para realizar esas grandes hazañas, tuvieron que tener un pastor, tal vez maestro de escuela dominical, alguien que les haya evangelizado, alguien que les haya tenido paciencia para formarlo y ayudarlo a crecer espiritualmente, para luego así llegar a ser el hombre y mujer de Dios de "Fama y renombre" que es, no menosprecies la "pequeña" obra que puedas estar haciendo para el Reino de Dios, tú solo hazlo con amor, pasión y fe, porque honestamente no sabemos a quién podríamos estar ministrando y equipando, y en un futuro podrán decir ella o él fue a quién Dios uso para equiparme para el cumplimiento de su voluntad a través de mí; ¿Qué resulta de lo mismo?, pues que todo lo que él o ella realicen inspirados y suministrado por lo que Dios ministró a través de ti te será contado como justicia, y serás también recompensado por ello.

Tan solo imaginemos un poco la recompensa que tendrán las personas que evangelizaron y formaron espiritualmente a todos esos hombres y mujeres de Dios de gran trascendencia, ¿Qué recompensa tendrá quien evangelizó a Yiye Avila?, ¿O aquel que discipuló a Billy Graham?, ¿Aquel quién le enseño a estudiar la Biblia a John Vernon McGee?, ¿Aquella persona que apoyo a Katerin Kulman durante sus primeros pasos de cristiana?, ¿Quién era la persona que ministraba el corazón de Charles Stanley o de T.B. Joshua antes de convertirse en grandes predicadores de renombre?, esas madres o padres que ayunaban y oraban por sus hijos, esos maestros de escuela dominical, esos pastores... ¿Quiénes fueron los que ministraron a estas personas o a otros miles de miles más de hombres y mujeres de trascendencia y bendición para la obra de Dios?.

No podemos ignorar que lo que estamos haciendo es expandir el reino de Dios con nuestro servicio, y Jesús compara al reino de Dios a una semilla de mostaza; Decía también: ¿A qué haremos semejante el reino de Dios, o con qué parábola lo compararemos? Es como el grano de mostaza, que cuando se siembra en tierra, es la más pequeña de todas las semillas que hay en la tierra; pero después de sembrado, crece, y se hace la mayor de todas las hortalizas, y echa grandes ramas, de tal manera que las aves del cielo pueden morar bajo su sombra; No se trata de que tan grande es lo que hacemos sino de que sembremos la semilla correctamente, al igual que pequeña como esa semilla de mostaza podría ser la obra que hacemos para Dios, pero lo importante es que lo hagamos con todo el corazón, y con nuestro mayor esfuerzo, tratar de hacerlo lo mejor que podamos, sabiendo que esa "pequeña obra" que estamos realizando algún día crecerá, e indirectamente daremos sombra por medio de aquellos a quiénes pudimos ministrar, a muchas más personas que las que podemos imaginar.

Hacer con amor la voluntad de Dios

Puede ser que la gente que ministró a todos esos hombres y mujeres de Dios no eran tan talentosos como ellos, pero estoy segura de que la labor que les tocaba hacer la hacían bien. Sea cual sea la voluntad de Dios para nuestras vidas lo importante es que lo hagamos con excelencia, a veces lo que hacemos puede pasar un poco desapercibido por el público humano, pero para el celestial es una gran hazaña, ya que Dios no mide la excelencia de nuestras obras por lo magnífico que sean, o la fama, sino por cuál fue la verdadera intención con lo que las hicimos.

La palabra de Dios dice lo siguiente en cuanto al amor; Si yo hablase lenguas humanas y angélicas, y no tengo amor, vengo a ser como metal que resuena, o címbalo que retiñe. Y si tuviese profecía, y entendiese todos los misterios y toda ciencia, y si tuviese toda la fe, de tal manera que trasladase los montes, y no tengo amor, nada soy. Y si repartiese todos mis bienes para dar de comer a los pobres, y si entregase mi cuerpo para ser quemado, y no tengo amor, de nada me sirve (1 Corintios 13:1-3); Aquí está confirmado lo que digo, nuestro Señor no está preocupado por que nos dediquemos a hacer cosas sorprendentes; como tener grandes dones, ministerio, intelecto, que tengamos una súper fe, que seamos los más dadivosos que hasta nos quitemos nuestra propia ropa y la donemos por caridad a los pobres, incluso si estuviésemos dispuestos a dar nuestro cuerpo en sacrificio, pero hacemos todo esto sin amor, de nada nos sirve, a Dios lo que le interesa es que aunque hagamos algo sencillo lo hagamos verdaderamente con amor, es decir, que lo hagamos con excelencia, porque nadie hace cosas mal si las hace con amor.

Sea lo que sea que hagamos: Ser maestro en la escuela dominical, servidor, vigilar el estacionamiento de la iglesia, hacer llamadas de seguimiento a las personas nuevas que visitan la congregación, limpieza y mantenimiento del edificio de la congregación, atender la cafetería de la iglesia, ser ingeniero de sonido, participar en la danza, ser un músico para la alabanza, diseñar la publicidad de la iglesia, sacar copias, recibir en la puerta a los que asisten, etcétera. Lo importante es que lo hagamos con excelencia, que lo hagamos con amor. Si la voluntad de Dios es que sirvamos a la comunidad de una manera más directa y personal, debemos hacerlo bien, ya que aunque servimos a los hombres, el propósito es Dios: Y todo lo que hagáis, hacedlo de corazón, como para el Señor y no para los hombres; sabiendo que del Señor recibiréis la recompensa de la herencia, porque a Cristo el Señor servís (Colosenses 3:23-24).

Cada uno de nosotros nació para un propósito distinto y único, y está mal querer encajar nuestra pieza de vida en un lugar donde Dios no nos quiere, por culpa de querer hacer cosas para las cuales no fuimos creados, a veces pasa esto porque tenemos miedo de no haber logrado algo trascendental, de renombre, y de grandes magnitudes, queremos ser recordados por otras generaciones, pero eso está mal, es vanagloria, si pensamos así no lo hacemos con el propósito de cumplir la voluntad de Dios, sino de sentirnos grandes, admirables y realizados, no está mal soñar en grande mientras sea lo que Dios quiere que hagas. Perdemos nuestro tiempo tratando de lograr cosas "Admirables" por los hombres en lugar de enfocarnos en buscar nuestra coordenada correcta, aquella para la cual hemos nacido, aquellas cosas que serán "Admiradas por Dios".

Por lo tanto demos gracias a Dios por sea lo que sea que Él nos permita hacer para su reino, ya que lo importante es que donde sea que nos ubique lo hagamos con excelencia, y lo hagamos con amor sincero para Él.

Oración De Compromiso

Padre celestial, gracias por enseñarme que lo que verdaderamente importa es que lo que sea que haga para tu reino lo haga con amor, ayúdame a entender lo que tengo que hacer, y a mejorar para hacerlo con la mayor excelencia que pueda, me comprometo a crecer para que tú admires lo que hago y te sientas orgulloso de mí, gracias por el privilegio de servir en tu obra.

Te lo pido y agradezco en el nombre de Jesús, ¡Amén!

DÍA 19

¿Qué hacer si erré y no cumplí su voluntad?

Y sabemos que a los que aman a Dios, todas las cosas les ayudan a bien, esto es, a los que conforme a su propósito son llamados. Romanos 8:28

No hay verdadero éxito fuera de la voluntad de Dios, y en lo que sea que fallemos estando bajo su voluntad no es un error, sino que todo terminará siendo parte de su plan. Lo primero que tenemos que entender es que todos hemos cometido errores, y algunas veces los errores pueden ser terribles, de repente nos damos cuenta, otras no, y hasta mucho después que pasa el tiempo es que vivimos las consecuencias.

En la Biblia podemos ver varios ejemplos terribles de esto, empezando con Adán y Eva, Caín, Abraam y Sara, El rey Saúl, El rey David, Casi todos los reyes del antiguo testamento... y en el nuevo testamento tenemos a Pedro, a los apóstoles y discípulos, a Pablo, etcétera. Sí, de hecho la Biblia tiene bastantes historias de errores humanos, algunos le costaron la vida a los que fallaron, o con efecto colateral, la vida de otras personas, en otras ocasiones perdieron sus posiciones privilegiadas, cambiaron el destino de la humanidad, o de una nación, algunas causaron grandes vergüenzas a los que erraron, etcétera.

Errar duele

Y más cuando nuestro error ha causado dolor o desdicha a alguien que amamos, también duele más si no era nuestra intención, podría ser que era con un buen propósito, y es algo que el enemigo aprovecha para torturarnos y con eso tratar de destruirnos. También hay mucho dolor cuando hemos puesto todo nuestro empeño, pero lo que esperábamos alcanzar no se logró, es frustrante haberse esforzado genuinamente y no haber conquistado lo que teníamos en mente, ¿Cómo lidiamos con el fracaso?, ¿Cómo trabaja Dios con un hombre o mujer que hayan fallado?, ¿Cómo podemos hacer si tenemos toda la culpa, pero ya estamos arrepentidos? ¿Como levantarnos del suelo?, ¿Como hacer si todo mi proyecto de vida ha fracasado?, ¿Como comenzar de nuevo?.

Una historia de error

En una ocasión un pastor amigo estaba contando una historia muy triste de un gran fracaso que vivieron él y toda su familia; él dirigía una congregación muy bendecida, con más de quinientos miembros, Dios le había hablado a través de varios hombres de Dios y en oración para que comenzaran a hacer planes para reunir dinero para comprar su propio terreno, y allí construir un edificio para la iglesia, eso fueron palabras que estremecieron su vida y a toda la iglesia que él pastoreaba, porque era su sueño, ya que al igual que cualquier otro pastor que paga renta de local; Con el simple y normal propósito de tener un lugar donde reunir a la congregación para adorar a Cristo, él deseaba tener un lugar propio para la iglesia, toda la congregación junto con el pastor se pusieron manos a la obra, y comenzaron a hacer actividades para reunir el dinero para el terreno; Ventas de garaje, lavando autos, vendiendo pasteles, recaudando donaciones, etcétera, y alcanzaron la meta financiera, y con ello lograron comprar un terreno en un lugar adecuado y al gusto de la congregación.

Ahora solo faltaba la fase dos, el pastor fue con un amigo constructor cristiano muy profesional, este realizó el diseño arquitectónico, la cotización del material y mano de obra que se iba a necesitar y se la dio al pastor, él presentó el proyecto a la iglesia, y todos estuvieron de acuerdo, comenzaron a reunir dinero para la construcción del edificio para las reuniones, la iglesia no le menguó a sus ánimos y continuaron haciendo actividades para alcanzar la meta financiera para la construcción, y lo lograron.

El pastor bien emocionado fue con su amigo constructor y le dio todo el dinero que había reunido, no hicieron un contrato, ni siquiera un recibo de pago, el pastor luego de haberse despedido de su amigo ese día, nunca volvió a verlo jamás, el pastor lo busco en su casa, en su oficina, pero parecía ser que su amigo luego de recibir el dinero se fue de la ciudad, tal vez del país, no se sabe, lo que se sabe es que huyó con el dinero.

Esto fue un golpe muy bajo para el pastor, ¡Terrible!, el pastor calló en una fuerte depresión, la iglesia se dividió, unos decían que era un tonto, otros que desde antes ya estaba de acuerdo con su amigo y que los dos hicieron un complot para robarse el dinero, otros dijeron que el pastor fue quién se quedó con el dinero, la gran mayoría se fue de la iglesia, gracias a Dios su esposa, familia y líderes más cercanos se mantuvieron a su lado, ya que sabían que el pastor decía la verdad.

Fueron tiempos terribles, de soledad, crítica, señalamientos, insultos, irrespeto y demás, la gran congregación unida y próspera menguo en número y ánimos, y solo quedaron aquellos que verdaderamente confiaban en el pastor y creían que él les decía la verdad.

El amigo constructor tiempo después le escribió una carta al pastor pidiéndole perdón por haberle fallado, él le contó que estaba en grandes problemas financieros y que su compañía estaba al borde de la quiebra, no había tenido contratos en más de un año, su esposa se quería divorciar de él por problemas derivados de lo mismo, estaba ahogado en deudas y enfermo, y tenía que resolver a toda costa, y lo que necesitaba era dinero, se le hizo muy fácil robarse el dinero de la iglesia, ya que no había ninguna prueba de que se lo habían dado, además decía él, Dios lo perdonaría, solo faltaba que el pastor y la iglesia lo hicieran, él trataría de reunir el dinero para devolverlo, pero lamentablemente, hasta el sol de hoy, nunca lo hizo.

Los errores nos marcan

Los errores son una herida en nuestra alma, mente y corazón, cuando venimos a Cristo Él sana nuestras heridas, pero aún queda una marca, y esa nos acompaña siempre, Dios la permite para recordarnos que somos imperfectos, y que así como nosotros fallamos, otros también lo hacen, y de la misma manera en que Él nos perdona y restaura, nosotros debemos hacer lo mismo con otros.

Esta experiencia del pastor fue algo terrible que marcó un antes y después en su vida, en su familia y la iglesia. Aunque después se levantaron del suelo, y con más fuerzas, nunca olvidarán por completo lo que sucedió, y de la misma manera ninguno de nosotros tampoco olvidamos por completo nuestros fracasos, pero ahora ¿Cómo permitiremos que influencien en nuestras vidas?, nos destruirán o serán un escalón más para seguir viviendo bajo la voluntad de Dios.

¿Era parte de la voluntad de Dios?

Y ahí está la pregunta que estábamos esperando, ¿Era parte de la voluntad de Dios que este pastor y su familia e iglesia pasara por esta situación? Pues sí, ya que Dios mismo le había indicado que quería que comenzara a realizar este plan, y desde antes que Él le ordenara comenzar, Dios ya sabía lo que iba a suceder, y aun así lo motivó a hacerlo, es probable que Dios realmente no estuviese solamente interesado en que lograran la construcción del edificio en sí, sino en que el pastor y la congregación fueran probados como el oro, en medio del fuego de ese desierto que iban a vivir, y lamentablemente no todos salieron victoriosos de la batalla.

Dios desea que hagamos grandes cosas para Él, pero no es lo único que le interesa, sino que Él usa todas estas experiencias como instrumento para moldearnos, transformarnos, y demostrarnos de que estamos hechos, y algunas veces lo hace de la misma manera en la que salvo a la humanidad por medio de Cristo; Con el dolor, con nuestra obediencia, santidad, pero también permitiéndoos cometer errores, los cuales son buenos maestros para obtener experiencia.

Sí, duele, por supuesto, pero nuestra meta final no está aquí en esta tierra, sino que es eterna, cuando pasamos por medio del dolor lo que menos pensamos es que seremos de inspiración, motivación y ejemplo para otros, estamos angustiados y solo pensamos en como resolver la situación, pero a veces Dios no desea que se resuelva la situación, de hecho su plan es que las cosas no salieran como pensábamos, sino como Él quería, su voluntad no siempre se entiende, pero lo importante no es entenderla, ya que sea en victoria o en fracaso, estemos sometidos a vivir los planes que Él tenga para nosotros, sabiendo que todo obrará para bien para los que le aman.

Como levantarnos de un fracaso?

No nos podemos quedar en el suelo, es la voluntad de Dios que sus hijos se levanten de cualquier caída, fracaso, desdicha o desgracia que vivan, ya que tenemos que tener la confianza de que nada pasa por casualidad y que todo obrará para nuestro bien mientras amemos a Dios y nos mantengamos bajo su voluntad.

Hay 7 acciones muy necesarias que uno debe hacer si quiere levantarse de un fracaso, y son las siguientes:

1- Expresa a Dios todo lo que piensas y sientes

No puedes quedarte con esos sentimientos y emociones a flor de piel, porque podría causar problemas más grandes, es de emergencia acercarse a Dios en oración y descargar todo lo que tengamos, ya que de esta manera vamos a darnos cuenta de que no estamos solos, que Él no nos abandona, nos acompaña siempre, y apoya en todo momento.

2- Tómate tiempo para reflexionar

Es importante aceptar y procesar lo que pasó, para que luego no estemos divagando en ideas delirantes, y nos remuerda la conciencia, es muy necesario estar claros de la situación para poder luego, analizar lo que salió mal y poder aprender de ello.

3- Acepta tus errores

Al haber analizado la situación descubriremos en que estuvimos mal y que hubiésemos podido hacer, de esta manera tomar la decisión de no volver a reaccionar de la misma forma en situaciones similares, o de aprender a controlar los impulsos que nos llevaron allí.

4- Saca lo positivo de cada situación

Algo difícil para los hombres carnales, pero bastante cierto para los espirituales, siempre hay algo más allá de lo que podemos ver con nuestros ojos, el Espíritu Santo nos guiará a descubrirlo y que sea de provecho y bendición para nosotros, y para otros que podamos aconsejar en un futuro también.

5- Pide ser animado por tus líderes.

Se sincero con tus pastores y líderes, difícilmente podemos auto-ministrarnos en momentos así, aunque no es imposible, pero es más maravilloso ver como personas ajenas a tu dolor pueden ser usadas por Dios para levantarte y ayudarte a comenzar de nuevo.

6- No tengas miedo de volver a intentar algún proyecto.

Ahora sí, con más experiencia y sabiduría puedes desde que te sientas listo comenzar de nuevo tu proyecto, o experimentar nuevas opciones. El miedo no viene de Dios, tampoco la precipitación, al haber pasado por desiertos, tienes aún más responsabilidad de ser cauteloso, pero también desde ahora es más probable tener un mejor resultado porque ya tienes experiencia.

7- Nunca pierdas la fe

Es muy indispensable para los hombres y mujeres de Dios, ya que sin ella no podemos obrar con éxito ningún proyecto, de hecho es la fe en Dios la que hace posible lo imposible.

La Biblia nos enseña en Proverbios 24:16a: Porque siete veces cae el justo, y vuelve a levantarse. Quiere decir que no importando cuantas

veces falles, lo importante es que vuelvas a levantarte y a creer que todo lo podemos en Cristo que nos fortalece (Filipenses 4:13).

Oración De Compromiso

Padre amado, gracias por hacerme entender que los errores que cometo en mis proyectos que han sido motivados por ti, no son necesariamente un fracaso, sino que son parte de tu plan, lo que si es un fracaso es no levantarme y continuar creyendo que tú completarás la obra en mí, he entendido que tus propósitos superan lo terrenal, y que a veces utilizas mis fallos para cambiarme, o cambiar a otros. Te agradezco en el nombre de Jesús. ¡Amén!

DÍA 20
Al tiempo de Dios

Porque os es necesaria la paciencia, para que habiendo hecho la voluntad de Dios, obtengáis la promesa. Hebreos 10:36

Esperar el tiempo de Dios es como alguien que desea lluvia de bendiciones para su vida, y Dios le dice: Va a llover en tal lugar, permanece ahí, pero no le dijo exactamente cuando iba a llover, sin embargo le aseguró que así sería si espera pacientemente el tiempo de la lluvia, porque ya es normal que llueva ahí solo que hay que esperar, y en aquel mismo momento esta persona decide creer esa palabra y tener la esperanza en que va a llover allí, y se promete a sí mismo; Iré y permaneceré en ese lugar sentado esperando con paciencia como me dijo Dios que hiciera, porque tengo el propósito de aprovechar la lluvia completa.

Pasó mucho tiempo y de repente se desesperó porque no veía que llovía tan pronto como él quería, entonces olvida su promesa, y se mueve de su lugar a otro segundo sitio donde había escuchado decir a la gente que allí llovía regularmente, y vuelve a hacer lo mismo que hizo en el primer lugar, pero con el tiempo también termina una vez más desesperándose, y decide moverse a otro lugar más, en este tercer lugar supo que había también promesa de lluvia, y cuando terminó de moverse al tercer lugar se enteró por medio de un viajero de que estaba lloviendo mucho en el primer lugar donde él había estado, entonces se entristeció y comenzó a lamentarse, y se preguntó: ¿Debo permanecer aquí a esperar la lluvia, ir al segundo lugar donde había promesa de lluvia, pero aún no ha caído, o regresar al primer lugar y agarrar algo de la lluvia de la que aún está cayendo? Entonces se dice a sí mismo: Mejor regreso al primer lugar porque ya está confirmado que ahí ya está cayendo la lluvia, y decide volver al primer lugar donde estaba y cuando llega alcanza un poco del final de la lluvia pero no mucho, y para colmo se entera por otro viajero que mientras se movía de regreso al primer lugar, calló lluvia simultáneamente en el segundo y tercer lugar donde había estado, entonces corrió al segundo lugar y tomó un poco de lluvia, pero luego dejó de llover, y decidió salir corriendo al tercer lugar a ver si aprovechaba un poco del final de la lluvia, pero ya no había nada.

Él se lamentó mucho porque sí alcanzó algo de lluvia de bendición, pero no tanto como si hubiera permanecido esperando el tiempo correcto en el que caería la lluvia en cualquiera de los tres lugares donde había estado.

La persona de la reflexión que acabamos de leer cometió varios errores pésimos; Todo tiene su momento oportuno; hay un tiempo para todo lo que se hace bajo el cielo (Eclesiastés 3:1); El error más evidente fue su desesperación, fue la razón que le llevó a casi fracasar, sí, recibió lluvia, pero no tanta como hubiera querido, y como habría recibido si hubiese sido más perseverante en esperar el tiempo correcto, fue inteligente en seguir la orden de Dios de ir a un lugar donde Él dijo que iba a llover, y fue sabio en tomar la decisión de esperar, pero falló en no ser paciente y obediente a la palabra que Dios le había dado.

Así nos puede pasar también a nosotros si no aprendemos a esperar pacientemente el tiempo oportuno de la lluvia; El tiempo de Dios para el cumplimiento de su voluntad para con nosotros, si nos desesperamos y estamos de aquí para allá, rodando de un lugar a otro, de una iglesia a otra, de un trabajo a otro, de un cónyuge a otro, de un proyecto a otro, y etcétera, nunca vamos a alcanzar lograr nada, no porque Dios no quiera o no pueda, sino porque debemos esperar en fe, el tiempo del cumplimiento de la palabra que Dios nos ha dado, en el lugar indicado, con la actitud correcta, y la paciencia que no es más que la evidencia de una fe genuina.

El cumplimiento del propósito de Dios depende de aprender a esperar correctamente; Porque os es necesaria la paciencia, para que habiendo hecho la voluntad de Dios, obtengáis la promesa (Hebreos 10:36), este versículo nos enseña que debemos hacer la voluntad de Dios y luego esperar pacientemente creyendo la promesa que Él nos hizo, es como la persona de la reflexión, Dios le dijo que fuera a un lugar y esperara allí, en un principio creyó la palabra y obedeció, más su paciencia no fue completa; No basta con creer, hay que persistir, pero aquí está lo más difícil; ¿Cómo podemos persistir si no sabemos como se hace?, ¿Cuáles son entonces las características de las personas que si logran esperar hasta recibir la promesa?, ¿Cómo lo logran?, ¿Cómo piensan?, ¿Cómo actúan?. Vamos a enumerar una lista de las mejores características de las características que tienen las personas que saben esperar el tiempo oportuno de Dios:

1- Obedeciendo la ordenanza de Dios:

Para poder esperar el tiempo del cumplimiento de la promesa de Dios de una manera efectiva lo primero y más importante ser obedientes a la palabra de Dios. Si se conducen según mis estatutos, y obedecen fielmente mis mandamientos, yo les enviaré lluvia a su tiempo, y la tierra y los árboles del campo darán sus frutos (Levítico 26:3-4). La promesa de bendición que viene de parte de Dios para nuestras vidas es segura, siempre y cuando no nos desviemos de las indicaciones que Él nos ha dado.

Cuando Dios nos hace una promesa siempre nos da las indicaciones de como proceder para encaminarnos al destino profético, es decir, que no solo nos dice lo que tiene para nosotros sino también como debemos actuar para alcanzar la bendición para nuestras vidas.

El rey Saúl en el capítulo 15 de 1era de Samuel es enviado por Dios a cumplir una misión muy específica, sin embargo él no lo hizo tal cual como el Señor le ordenó por medio del profeta Samuel, sino que menospreció las indicaciones y terminó haciendo algo distinto a lo que se le había ordenado, el resultado fue que Dios le terminó destituyendo como Rey, que doloroso fue esto, tanto para el profeta Samuel que apreciaba mucho a Saúl, y por supuesto para Saúl mismo, todo por haber desobedecido, en ese momento solo parecía algo sencillo, pero lamentablemente ese error de Saúl tendría connotación en un futuro lejano, y muy terrible:

En el libro de Ester se relata la historia de un hombre llamado Hamán quien era descendiente de Agag rey de Amalec, quien fue asesinado por el profeta Samuel, esta era la misión del rey Saúl, pero él por desobediencia no lo hizo y el profeta Samuel fue quien terminó cumpliéndolo, desde entonces los descendientes del rey Agag que escaparon con vida por culpa de Saúl se comprometieron en aniquilar a todos los judíos, por esa razón está el libro de Ester incluido en el canon, explicando como Hamán el descendiente de Agag armó todo un plan con el propósito de destruir de raíz toda la raza Israelí. Por eso es importante saber que Dios traza un camino por el cual debemos conducirnos para poder llegar a obtener esa promesa cumplida por completo, sin cabos sueltos ni daños colaterales, es imposible recibir toda la bendición de Dios si no estamos ajustados a la obediencia de su palabra, porque para nuestro Señor la desobediencia es desagradable, ya que tarde o temprano terminará afectándonos, Él lo sabe y eso lo entristece, un desvío de su camino de bendición causará siempre dolor y será solo un retraso para sus planes de prosperidad para nuestras vidas.

El rey Saúl fue destituido porque su corazón no era conforme al de Dios, él no quería agradar a Dios, solo quería agradarse a él mismo, y lamentablemente Dios sabía que Saúl nunca cambiaría, tenía toda la capacidad natural para ser rey, pero no tenía la capacidad espiritual para ser el Rey que Dios quería para Israel, las decisiones y acciones que él tomarían nunca serían bajo la voluntad de Dios, por lo tanto Israel sufriría las consecuencias de un rey terriblemente desobediente e inconsciente, y en ese momento Dios quería levantar a Israel como una nación fuerte, esto solo sería posible a través del Rey David, un rey conforme al corazón de Dios.

El tiempo del cumplimiento de la palabra de Dios nunca llegará si no somos obedientes a las indicaciones y ordenanzas que Dios nos dé, tanto en su palabra como cuando nos da a realizar acciones específicas en cuanto al propósito al cual Él nos ha llamado. Por lo mismo es importante estar despiertos espiritualmente; Manteniendo una actitud de alerta a todo lo que Él nos indique y siempre tomar nota y mantenerlo presente, y todo lo que hagamos sea relacionado con la ordenanza que hemos recibido de Dios.

2- Perseverar con buen ánimo creyendo la promesa:

Para ser constantes y sin fluctuar en nuestra espera por el tiempo indicado por Dios, es muy importante mantener un solo ánimo; El ánimo es nuestro estado de disposición mental tanto positivo como negativo, el cual influye para posicionarnos a realizar u omitir una acción; Como cuando decimos no tengo buen ánimo para hacer ejercicio, esto puede ser debido a que tenemos pensamientos negativos sobre el porqué hacerlo, o lo contrario, tengo buen ánimo para hacer ejercicio porque tengo buenos pensamientos sobre los resultados que me dará hacerlo; Con esto aprendemos que el ánimo puede ser bueno o malo, el buen ánimo es fundamental para poder lograr un objetivo de una manera más efectiva, al contrario caer en un mal ánimo puede arruinarnos todo nuestro proyecto, e incluso dejarlo en tan solo una idea y nunca llegar a realizar nada contundente.

Cuando estamos de mal ánimo, es decir, desanimados, es más fácil experimentar sentimientos y emociones negativas como: La desesperación, ansiedad, incertidumbre, duda, etcétera, así que mientras más podamos mantener una actitud y pensamiento de fe positiva mejor, ya que por el contrario el desánimo es tener fe, pero una fe negativa, es creer rotundamente en que todo saldrá mal no importando lo que hagamos, desechemos la fe negativa y abracemos la fe positiva, y de buen ánimo.

3- No dejarnos mal influenciar:

Cuando ya hemos recibido una palabra de promesa de parte de Dios nos encontraremos en medio de una espera por el cumplimiento de esta palabra, pero por supuesto que tenemos un enemigo que gustosamente siempre se ofrecerá en medio de nuestras dificultades para poder traer argumentos contrarios a la fe y esperanza que tenemos en el Señor, y de esta manera hacernos fallar en medio de nuestra espera, hay que tener cuidado con esas voces.

Así como cuando Dios le dio la orden a Moisés en el capítulo 13 de Números verso 1 y 2 dicen: Y Jehová habló a Moisés, diciendo: Envía tú hombres que reconozcan la tierra de Canaán, la cual yo doy a los hijos de Israel; de cada tribu de sus padres enviaréis un varón, cada uno príncipe entre ellos. Israel estaba a punto de entrar a la tierra prometida y comenzar a conquistar la tierra que Jehová; El Dios dueño del universo, y creador, les había dado, sin embargo, cuando los hombres que Moisés había enviado volvieron llegaron con una palabra que confundía bastante; Primero la tierra era una tierra bendecida y fructífera como Dios les había prometido, sin embargo la segunda palabra era desconcertante; La gente que habitaba la tierra eran gigantes, y muy fuertes, y según más fuertes que ellos, las ciudades eran grandes y estaban fortificadas, estos diez espías de los doce eran pesimistas, sus pensamientos tendían a la derrota, comenzaron a murmurar en la congregación y desanimar a todo el pueblo para que nadie creyera que podían lograr el objetivo, sin embargo Jehová les había dicho anteriormente y está escrito en el versículo 2 de ese mismo capítulo: Que Él mismo les daba esa tierra al pueblo de Israel.

Ellos estaban a punto de recibir su bendición, era el esfuerzo final para conquistar la bendición completa, sin embargo, el ánimo del pueblo comenzó a decaer por culpa de prestar atención a las palabras de desánimo de aquellos hombres que perdieron la esperanza y la fe al dejarse agobiar por la situación; Y es lo mismo que puede pasar con nosotros, a veces estamos a punto de recibir la bendición de Dios para nuestras vidas, pero perdemos la esperanza por culpa de permitirnos ser influenciados por lo abrumante de la situación.

Israel estuvo en el desierto muchísimo tiempo sin llegar al objetivo de la tierra prometida, y ahora que estaban a punto de iniciar con las campañas de conquista, se enfocan más en los retos que en la motivación del premio para seguir adelante. Como resultado de murmurar y no creer en la palabra de Jehová, el Señor se enojó contra ellos y les negó la entrada a la tierra prometida a todos los que habían murmurado de 20 años hasta los más mayores.

Todo esto les estaba pasando a los israelitas por culpa de creer en las palabras negativas de los espías, en lugar de creer que a pesar de los retos que tenían por delante, Dios les entregaría la tierra prometida en sus manos, como había dicho, ya que Él es fiel a sus promesas. Aquí está el porqué debemos cerrar nuestros oídos a todo lo que se oponga a la palabra declarada por Dios, necesitamos omitir completamente estas palabras negativas y de desánimo de nuestra mente, ya que si hacemos caso, las mismas irán atacando nuestra fe en la promesa de Dios y podríamos llegar a desistir.

4- Buscando buenas influencias

El justo es guía para su prójimo, pero el camino de los impíos los extravía (Proverbios 12:26). Dicen por ahí que la mejor manera de enseñar es con el ejemplo, eso también quiere decir que la mejor manera de aprender, es siguiendo el ejemplo de otros, las buenas influencias son aquellas personas que por medio de su testimonio de justicia han demostrado que perseverar en la espera trae consigo beneficios.

Tenemos que aprender a identificar a esos campeones, los cuales sostenidos por su fe en la promesa de Dios han conquistado grandes victorias, aprender de ellos, ver la manera justa en la que actúan, tratar de entender como piensan, incluso tratar de ser sus amigos, para así poder aprender de ellos todo aquello que Dios les ha ministrado, Dios usa a nuestros hermanos en Cristo para exhortarnos y de esta manera aprender a esperar el tiempo del cumplimiento de la voluntad de Dios.

Nunca pongamos nuestra mirada en personas que son de mal ejemplo, más que para aprender qué no debemos de hacer, Y consideremos cómo estimularnos unos a otros al amor y a las buenas obras (Hebreos 10:24)

5-Valorando el proceso tanto como el resultado:

A veces pensamos que lo único que Dios quiere es que alcancemos esa meta o propósito en específico, y sí, es parte de lo que Dios quiere hacer, sin embargo hay que entender que para Dios es tan importante el resultado final como el proceso que Él nos está permitiendo vivir, ya que Dios utiliza los procesos para moldearnos, los objetivos de Dios no son solo de bendecirnos, sino de transformarnos, su propósito es ir perfeccionándonos para poder formar la imagen de Cristo, por lo tanto Él está muy interesado en el proceso.

Ahí es donde muchas veces fallamos porque el ser humano no piensa así, el ser humano piensa en recibir algo, sin embargo Dios se enfoca en darnos la forma que necesitamos para poder contener la bendición, y no solo recibirla, ya que de nada nos vale obtener un premio que no seremos capaces de mantener, por lo tanto debemos también valorar el proceso e identificar que es lo que Dios está trabajando con nosotros, para poder permitirle al Espíritu Santo edificar nuestras vidas, por lo tanto no nos quejemos del proceso, más bien demos gracias, porque sin ellos seriamos incapaces de sostener sobre nuestros hombros el peso de la bendición que Dios tiene planeada para nosotros.

6- Siendo humildes:

Humíllense, pues, bajo la poderosa mano de Dios, para que Él los exalte a su debido tiempo (1 Pedro 5:6). La humildad es clave para recibir el favor de Dios, el corazón arrogante y altivo no está preparado para ser bendecido, cuando hay esta actitud es porque la persona pretende no necesitar a nadie, incluso a veces a Dios, sabemos que quién bendice es Dios, y no los hombres, sin embargo Dios utiliza a las personas como un medio para bendecirnos, además, el que es altivo se hace de una imagen y forma de pensar de saberlo todo, y que no necesita nada.

¿Qué motivación tendría Dios de bendecir a alguien que cree saber y tener todo?. En este versículo en específico 1 Pedro 5:6 dice: Bajo la poderosa mano de Dios, interpretando exegéticamente este texto podemos comprender que la mano de Dios son los cinco ministerios, es decir, el Apóstol Pedro nos insta a ser humildes ante la ministración de edificación y guianza del Espíritu Santo a través de los ministros de la iglesia, teniendo un espíritu enseñable.

Más Él da mayor gracia. Por esto dice: Dios resiste a los soberbios, y da gracia a los humildes (Santiago 4:6), como este hay muchos otros versículos y pasajes en la palabra de Dios acerca de la humildad, y como esta es importante para ser bendecidos por Dios. Difícilmente alguien arrogante pueda prosperar, ya que la humildad logra de una manera más sencilla tener puertas de bendición abiertas, debido a que es un atributo en la personalidad que es muy apreciable y agradable para la mayoría de las personas y para Dios, a diferencia de la altivez y arrogancia.

Cabe destacar que existe la falsa humildad, la cual es hipocresía y engaño, y el engaño es hechicería, de la cual debemos ser libres en Cristo, la falsa humildad se basa en un simple revestimiento exterior con el propósito de aparentar algo que no se es, esto con el fin de obtener algún beneficio, más sin embargo el corazón de dicha persona en realidad está corrompido, por lo mismo Jesucristo menciona en Mateo 11:29, que aprendamos de Él, que es manso y humilde "de corazón", aclarando aquí que la humildad no se mide por una apariencia externa, sino del corazón y lo que sale de Él, por supuesto no solo con las palabras, sino con las acciones.

7- Teniendo fe activa:

No nos cansemos de hacer el bien, porque a su debido tiempo cosecharemos si no nos damos por vencidos (Gálatas 6:9). Mientras estamos esperando el tiempo de Dios debemos tener una fe verdadera en que vamos a recibir la promesa, porque cuando no tenemos fe somos impacientes y nos desesperamos, pensamos que no vamos a obtener nada, y esto nos lleva a paralizarnos, y eso se hace piedra de tropiezo para poder recibir la bendición de Dios, ya que si estamos inactivos no puede ocurrir nada, la palabra de Dios nos enseña que la fe sin obras esta muerta.

Así también la fe, si no tiene obras, es muerta en sí misma. Pero alguno dirá: Tú tienes fe, y yo tengo obras. Muéstrame tu fe sin tus obras, y yo te mostraré mi fe por mis obras (Santiago 2:17-18). Por lo tanto si tenemos fe, si verdaderamente creemos que Dios hará algo con nosotros, es lógico que será con algo que ya estemos comenzando, no podemos decir que tenemos fe, pero no hacemos nada, una fe genuina, es decir, una fe viva, comienza a trabajar aunque no vemos nada, y confía que Dios seguirá proveyendo para terminar eso que se ha comenzado.

Por tanto, el Señor espera para tener piedad de vosotros, y por eso se levantará para tener compasión de vosotros. Porque el Señor es un Dios de justicia; ¡cuán bienaventurados son todos los que en Él esperan! Isaias 30:8. Esperar el tiempo de Dios forma nuestro carácter; Ahí es donde entendemos que Dios sí quiere bendecirnos, pero no desea que esea bendición nos destruya, por lo tanto entregará en nuestras manos la promesa, ese día que tengamos la capacidad de sostenerla, por ahora preocupémonos por estar listos para ese día en que recibamos su promesa.

Oración De Fe

VIVIENDO BAJO LA VOLUNTAD DE DIOS

Padre amado, gracias por hacerme entender que tus promesas vendrán a mi vida en tu tiempo, perdóname si antes me desesperaba y me dejaba desanimar, ahora he entendido que lo que tú tienes para mí nadie puede quitármelo, pero que debo esperar correctamente para poder obtener la bendición que tienes para mí, sin fluctuar y obedeciendo tu palabra, me comprometo a esperar conforme a como me has enseñado y confío que no debo de desesperarme, sino que lo que tienes para mí llegará, mientras tenga una fe verdadera, una fe viva. Te pido que me enseñes a ser constante, y agradezco por fe que ya he recibido tu promesa, en el nombre de Jesús, ¡Amén!

DÍA 21

Constantes en lo que Planificamos

Mira que te mando que te esfuerces y seas valiente; no temas ni desmayes, porque Jehová tu Dios estará contigo en dondequiera que vayas. Josué 1:9

Son numerosas las personas que al iniciar un nuevo año se proponen alcanzar múltiples objetivos. Al reflexionar sobre el año anterior, reconocen que no lograron cumplir todo lo que se habían propuesto. Sin embargo, ven en cada nuevo año una oportunidad para comenzar de nuevo y se dicen a sí mismos: "Esta vez sí lo lograré". No quiero que se malinterprete este pensamiento, ya que es positivo y motivador. No obstante, es común que, con el paso del tiempo, estos deseos se desvanezcan debido a contratiempos, falta de motivación y distracciones. Esto también sucede cuando nos centramos en metas que no están alineadas con nuestros planes originales. Todo esto ocurre porque a menudo no definimos con claridad lo que realmente queremos lograr.

¿Cuántas veces hemos estado muy cerca de lograr grandes victorias en nuestras vidas, pero no las alcanzamos por culpa de la inconstancia?, es muy doloroso reconocerlo, pero es una realidad, además también nos lastima haber desperdiciado todo el sacrificio envuelto: Nuestro tiempo invertido, fuerzas, finanzas, etcétera, y una de las razones es por culpa de no haber sido más comprometidos en ser constantes.

Como hombres y mujeres de Dios, es crucial mantener la constancia en nuestras vidas. Dios anhela que alcancemos su voluntad para nosotros, y la constancia es clave para lograrlo. Además, es también fundamental para mantener el éxito una vez alcanzado. Lamentablemente no está en nuestra naturaleza carnal el ser constantes, ya que no es fácil, es más sencillo rendirse y quejarse, que ser constantes.

Cuando somos constantes, es como si un ingeniero estuviera construyendo una estructura. Cada paso adelante se convierte en un material de construcción que se suma a la edificación que estamos intentando completar. Sin embargo, cada día que somos inconstantes, nos retrasamos y restamos valor a nuestros esfuerzos. En lugar de añadir, comenzamos a eliminar elementos de nuestra estructura, lo que lleva a la destrucción de lo que estábamos tratando de construir.

Aprendamos de la enseñanza de la Palabra de Dios sobre la constancia, para que un día podamos exclamar: ¡Lo logramos!, y disfrutar de permanecer siempre en esa victoria.

El libro de Josué nos narra la transición de Israel, marcando el paso de un pueblo errante y sin posesiones a uno establecido, poseedor y reinante. Analicemos cómo Dios se dirige a Josué, dándole la estrategia espiritual para vencer la inconstancia.

Estrategias para la victoria sobre la constancia
Solamente Esfuérzate:
En Josué 1:7, el Señor le da a Josué una instrucción fundamental, que comienza con una petición especial: La de ser esforzado. Ser esforzado implica emplear al máximo nuestras capacidades tanto internas como físicas para cumplir una tarea. Si bien Dios podría haber dicho simplemente "ve y conquista la tierra que te daré", Él opta por dar esta orden específica junto con una advertencia clara: para lograrlo, Josué y su pueblo tendrán que esforzarse.

Aunque Dios había prometido entregarles la tierra en sus manos, no les aseguró que el camino sería fácil. Aquí radica el punto crucial: nada tan valioso se logra sin esfuerzo. Entonces, ¿Por qué Dios pidió a los israelitas que se esforzaran para alcanzar la promesa, si Él podía concederles la victoria sin que hicieran nada? La respuesta radica en que la voluntad de Dios era formar el carácter de Israel como nación; Que se convirtieran en un pueblo valiente, comprometido y obediente a su palabra.

Dios deseaba moldear a Israel en un pueblo que no se rindiera ante las adversidades, que proclamara su ley, que la comprendiera profundamente y que persistiera en ella sin importar los obstáculos. Por ello, permitió que enfrentaran este tiempo de esfuerzo, pues sabía que solo a través de la lucha y el compromiso podrían desarrollar las cualidades necesarias para cumplir su voluntad.

Los seres humanos no valoramos lo que no nos costó, con más frecuencia cuidamos lo que nosotros mismos compramos, que lo de otros, debido a que no nos costó ningún esfuerzo, de igual manera era imprescindible para el pueblo de Israel luchar por conquistar la tierra de Canaán, para que de esta manera la apreciaran, cuidaran, y pudieran comprometerse en permanecer constantes en una vida agradable para Dios.

Sé muy valiente

La segunda ordenanza que Dios le da a Josué es que sea valiente, la valentía es todo lo contrario a la cobardía; La cual es símbolo de debilidad, más no una realidad, ya que el que es cobarde no es necesariamente débil, más bien es alguien que no tiene fe que puede lograr algo, y por eso mejor opta por no hacer nada, sin embargo los hijos de Dios no pueden ser cobardes, porque nuestro Padre Celestial no lo es.

Cuando somos cobardes permitimos que la duda se apodere de nuestra mente, pensamientos negativos, y palabras de demonios, para vencer la cobardía es necesario comenzar a creer que ese Dios

Todopoderoso, el cual servimos, está con nosotros, y mientras nos mantengamos conforme a su voluntad lograremos todo aquello que nos propongamos.

Cuidar de hacer conforme a como está escrito

Es importante que cuando seamos esforzados y valientes, tomemos en cuenta el hecho de hacerlo conforme a las ordenanzas de la palabra de Dios, ya que Dios nunca respaldará algo que no este bajo su voluntad. Y la única forma de mantenernos encarrilados en su voluntad es por medio de meditar en su palabra día a día, debido a que por medio de ella podremos medir nuestros planes y podremos identificar si son la voluntad de Dios.

Observemos que en el versículo 7 Dios le dice: No te apartes de ella ni a diestra, ni a siniestra, dándole a indicar que debemos hacer justo como Él lo planeó. Aquí tampoco cabe la inconstancia, ni el doble ánimo.

Nunca se apartará de tu boca este libro de la ley

Hablar la palabra de Dios, repetirla es recordarla, cuando la pronunciamos, y meditamos constantemente, estas son un alivio para nuestra alma y espíritu porque aumentan nuestra fe; Así que la fe es por el oír, y el oír, por la palabra de Dios (Romanos 10:17), es importante hablarla porque no solo edifica al que nos oye, sino a nosotros mismos también, cuando lleguen momentos de desánimo, tentación, duda, falta de fe, confusión, es muy importante recurrir a la palabra de Dios, hallar en ella consuelo y fuerzas para continuar siendo constantes.

Personalmente puedo darte el testimonio de algo que pongo muy en práctica, antes yo era muy susceptible en caer en desánimos, y el diablo se aprovechaba para bombardear mi mente con mis sentimientos y emociones, pero me alegro mucho en poder compartirte que el meditar y repetir los versículos bíblicos que más me han impactado, cada vez que paso por momentos de dificultad, me dan una inyección de adrenalina espiritual que revive mi espíritu, y me dan ese sostén para mantenerme de pie y continuar la travesía de vivir bajo su voluntad.

Te invito a utilizar la palabra de Dios a tu favor, la cual te ayudará enormemente a permanecer creyendo y obrando, para así vivir la voluntad de Dios para ti.

Harás prosperar tu camino y todo te saldrá bien

Maravilloso descubrimiento, quienes nos hacemos prosperar somos nosotros mismos, mientras nos mantengamos viviendo bajo sus preceptos, viviremos bajo su bendición, debido a que esa es la verdadera prosperidad del ser humano, vivir bajo la cobertura de la palabra de Dios añade éxito en todas las áreas de nuestra vida.

Consejos prácticos para antes de iniciar proyectos

La palabra de Dios dice: Porque ¿quién de vosotros, queriendo edificar una torre, no se sienta primero y calcula los gastos, a ver si tiene lo que necesita para acabarla?, Este pasaje de Lucas 14:28 nos brinda una valiosa lección sobre la importancia de la planificación y la preparación antes de embarcarnos en cualquier empresa o proyecto. Al igual que alguien que desea construir una torre, antes de iniciar debemos tomarnos el tiempo necesario para sentarnos y calcular los costos involucrados, para así asegurarnos de tener los recursos necesarios para llevar a cabo nuestras metas.

Es crucial evitar perder tiempo en proyectos mal organizados, ya que esto puede llevarnos al fracaso, y a buscar culpables en lugar de soluciones. Por ello, es esencial establecer una estrategia clara y bien definida para canalizar nuestra constancia de manera efectiva. A continuación, exploraremos superficialmente siete puntos fundamentales para la planificación exitosa de proyectos:

1- Define claramente tus objetivos: Antes de comenzar, asegúrate de tener una comprensión clara de lo que quieres lograr. Establece metas específicas y realistas que te ayuden a mantenerte enfocado.

2- Planifica y organiza: Dedica tiempo a planificar tu proyecto. Crea un plan detallado que incluya las tareas que necesitas realizar, los recursos que necesitarás y los plazos para cada etapa.

3- Investiga y recopila información: Realiza una investigación exhaustiva sobre el tema de tu proyecto. Reúne toda la información relevante que necesitarás para tomar decisiones informadas y desarrollar tu proyecto de manera efectiva.

4- Asigna roles y responsabilidades: Si estás trabajando en equipo, asegúrate de asignar roles y responsabilidades claras a cada miembro del equipo según sean sus talentos y habilidades. Esto ayudará a garantizar que todos estén alineados, informados y trabajando hacia el mismo objetivo en equipo.

5- Mantente flexible: Aunque es importante tener un plan, también es importante ser flexible y estar dispuesto a adaptarte a los cambios según sea necesario. Mantén una mentalidad abierta y sé receptivo a nuevas ideas y oportunidades.

6- Establece un sistema de seguimiento y evaluación: Crea un sistema para realizar un seguimiento del progreso de tu proyecto y evaluar su éxito. Esto te ayudará a identificar áreas de mejora y hacer ajustes según sea necesario a lo largo del camino.

7- Mantén la comunicación: La comunicación efectiva es clave para el éxito de cualquier proyecto. Asegúrate de mantener abiertas las líneas de comunicación con tu equipo y cualquier otra parte interesada en el proyecto. Esto ayudará a garantizar que todos estén informados y alineados en todo momento.

Estos siete puntos son los que se establecerán como un cimiento sobre el cual construirás todo tu proyecto. Entonces es donde entra la constancia en acción, ya que estos siete consejos son como los obreros de tu construcción, a los cuales hay que mantenerlos activos y obrando correctamente, tú eres el ingeniero constante que los dirige, para que todos en conjunto y orden completen la obra.

Mejor es el que tarda en airarse que el fuerte; Y el que se enseñorea de su espíritu, que el que toma una ciudad. Proverbios 16:32 Así

como Josué era el líder de Israel, tú eres tu propio líder primero, y también, de todo lo demás que el Señor ha confiado o confiará en tus manos, un líder no es un dictador, un cacique, ni un jefe, un líder inspira a otros a ser valientes y esforzados. Todo esto desencadenará en nuestras vidas la presencia de Dios manifiesta, lo cual respaldará su aprobación para con nosotros y lo que estemos realizando. Mantengamos entonces la constancia para poder no solo alcanzar, sino mantenernos viviendo bajo su voluntad. Es crucial mantenernos constantes en nuestra búsqueda de la voluntad de Dios. Él anhela que alcancemos con éxito todos sus propósitos para nosotros, y la constancia y planificación son claves para lograrlo.

Oración De Fe

Padre amado, No solo quiero lograr todo lo que tú tengas para mí, sino que quiero aprender a mantenerme bajo tu voluntad, siendo constante en todo lo que me enseñas, proveedme de las fuerzas por medio de tu Espíritu Santo para no detenerme, y si en algún momento caigo, ayúdame a levantarme con más ánimo para vivir para ti, te lo pido y en fe te agradezco, en el nombre de Jesús. ¡Amén!

La conclusión:
La decisión más importante

Porque os es necesaria la paciencia, para que habiendo hecho la voluntad de Dios, obtengáis la promesa. Hebreos 10:36

Primero quiero felicitarte si eres de los que han podido lograr llegar hasta el día de hoy ayunando, para mantenerte en una comunión especial y así poder leer este libro, tu gran determinación y compromiso son realmente inspiradores, y tus intenciones para con la voluntad de Dios son sinceras, estoy segura de que esto marcará un antes y un después en tu vida como cristiano.

Entendemos también que por supuesto hay otros que han tenido algún impedimento mayor para no haber podido realizar esto, y esto no les resta sinceridad a su corazón que es igual de devoto a la búsqueda de Dios. Al llegar al final de este viaje de 21 días explorando "La Voluntad de Dios", espero que hayas encontrado respuestas a algunas de tus preguntas más profundas sobre el tema, y que hayas podido descubrir con una mayor claridad el cómo seguir el camino que Dios tiene para ti.

En nuestra búsqueda para entender su voluntad, hemos reflexionado sobre la importancia de alinear cada aspecto de nuestra vida para poder ajustar nuestros deseos con los de Él, reconociendo que su plan para nosotros es mucho más grande y significativo de lo que podríamos imaginar. En nuestras familias, hemos aprendido la importancia de someter nuestras relaciones al cuidado y la dirección de Dios, permitiendo que su amor y sabiduría guíen cada paso que damos como cónyuges, padres e hijos. Al considerar cómo servir bajo la voluntad de Dios, hemos reflexionado sobre nuestros dones y talentos dados por Él, reconociendo que cada uno de nosotros tiene un papel importante que desempeñar en su obra en el mundo. En nuestro crecimiento espiritual, hemos aprendido la importancia de no estancarnos espiritualmente, encontrar sabiduría en su palabra, orar conforme a su voluntad y experimentar la alegría que proviene de vivir en comunión con Él. Y en nuestra entrega total, hemos sido recordados de la importancia de la santificación, el propósito del sufrimiento, la belleza de las pequeñas obras y la esperanza que encontramos en su perfecto tiempo.

Hemos entendido que Dios nunca nos obliga a hacer su voluntad, más bien es una decisión propia. Pero de algo debemos estar muy seguros y es que no hay mejor lugar que estar bajo la voluntad de Dios; Es un lugar lleno de provisión, esperanza, fe, seguridad, propósito, plenitud, aprobación, paz, y muchos más beneficios.

Con esto en mente solo nos queda el tomar una decisión; Hacer nuestra voluntad y sufrir repercusiones de vivir sin propósito, o vivir para agradarle y cumplir su propósito, no importando los obstáculos que se nos puedan presentar.

Deseo para ti que este viaje de 21 días haya sido solo el comienzo de una vida de entrega y obediencia a la voluntad de Dios. Espero que hayas sentido la presencia y la dirección divina en cada página así como yo sentía cada vez que las escribía, y me entusiasmaba saber que tendría la oportunidad de compartir la bendición con muchos. Espero que así como yo, te hayas sentido desafiado y fortalecido en tu fe.

VIVIENDO BAJO LA VOLUNTAD DE DIOS

Recuerda siempre que el camino hacia la voluntad de Dios es un viaje continuo, lleno de oportunidades para crecer, aprender y servir. Ahora es el momento de tomar lo que has aprendido y aplicarlo en tu día a día. Que tu compromiso con la voluntad de Dios sea evidente en cada área de tu vida, desde tu relación con Él, hasta tus relaciones familiares, tu servicio en la iglesia y tu crecimiento espiritual.

Te animo a que te mantengas firme en tu fe, confiando en que Dios tiene un propósito para ti y que Él te guiará en cada paso del camino. Que puedas vivir cada día con la certeza de que estás alineado con la voluntad de Dios y que Él está obrando en ti, y a través de ti para su gloria. Gozo de una gran gratitud por haber podido compartir este viaje juntos, me despido, confiando en que nuestras vidas continúen siendo transformadas por el poder y el amor de nuestro Padre celestial. ¡Que hacer la voluntad de Dios sea nuestra visión y nuestro anhelo más profundo!

Estoy segura de que al hacer esto te llenaras de anécdotas y testimonios que podrán ayudar y bendecir a miles, y de esta manera ver manifiesto el amor de Dios a través de ti. Ten fe, Dios tiene grandes propósitos contigo, deja que su luz brille en ti.

— ❧ —

Oración De Compromiso

Padre amado, muchas gracias por ayudarme y fortalecerme durante todos estos días en los que me dediqué a apartarme para leer este libro, guarda cada palabra edificante en mi corazón, y ayúdame a poner en práctica todo lo que sea de tu agrado, Usame para tu reino, donde sea que quieras, porque yo lo que quiero es vivir para ti, manifiéstate conforme a tu voluntad, te amo y me comprometo a vivir bajo tu voluntad, porque tengo fe en ti, espero la venida de Cristo y quiero estar preparado, viviendo en tu voluntad diariamente, ¡Gracias! En el nombre de Jesús, ¡Amén!

Don't miss out!

Visit the website below and you can sign up to receive emails whenever Gisselle Guzman de Jesus publishes a new book. There's no charge and no obligation.

https://books2read.com/r/B-A-SYOEB-MAHZC

BOOKS2READ

Connecting independent readers to independent writers.

About the Author

Gisselle Guzman de Jesús es una reconocida líder espiritual, y autora en el campo de la fe cristiana. Con una pasión innegable por compartir la Palabra de Dios y su aplicación práctica en la vida diaria, Gisselle ha impactado positivamente a miles de personas en todo el mundo a través de su enseñanza, ministerio y escritura.

Con una formación académica en teología y un profundo compromiso con su fe, Gisselle se ha dedicado desde muy temprano en su vida a servir a Dios y a su comunidad, tanto en su país natal *República Dominicana*, como en *México*, donde fue enviada por Dios junto a su esposo David Reyes, y residen allí desde el 2008. A lo largo de los años, ha desempeñado roles diversos en el liderazgo eclesiástico, incluyendo pastorado en la iglesia Fuente de Amor en Tijuana, México, mentoría y consejería pastoral, lo que le ha proporcionado una perspectiva única sobre los desafíos y las alegrías de vivir una vida cristiana auténtica.

Como escritora, Gisselle se destaca por su capacidad para combinar la profundidad teológica con una presentación accesible y relevante.

Su estilo claro y su enfoque práctico hacen que sus obras sean valiosas herramientas para el crecimiento espiritual y la reflexión personal.

Además de su labor como autor, Gisselle es una conferencista, compartiendo su sabiduría y experiencia en eventos y conferencias. Escritora de alabanzas cristianas, y participa activamente junto a su esposo en el dúo musical: *Los Poderosos de JAH*. Su compromiso con la verdad bíblica y su amor por la obra de Dios se reflejan en cada palabra que escribe, pronuncia, y canta inspirando a otros a vivir una vida plena, en gozo y comprometida con la voluntad de Dios.

En su libro, *Viviendo bajo la voluntad de Dios*, Gisselle busca equipar a los lectores con las herramientas necesarias para descubrir y vivir la voluntad de Dios en todas las áreas de sus vidas. Con su profundo conocimiento de las Escrituras y su experiencia personal, Gisselle guía a los lectores en un viaje transformador hacia una comprensión más profunda de la voluntad de Dios y cómo aplicarla en su día a día.

Read more at https://www.facebook.com/GisselleGuzmanJ.